知って広がる 教師の世界

鹿嶋 真弓・所澤 潤 編著

北樹出版

は し が き

　人生をかけることになるかもしれない教職とはどのような職業なのか。本書はそれを覗いてもらうために編集したものです。みなさんも報道などで教職の大変さを色々と目にし、耳にしていることでしょう。制度や環境を整えても個人の労力によってしか解決できない問題もあります。しかし、だからこそ教職に魅力を感じる人もたくさんいることを心に留めてください。

　みなさんの高校卒業までの学習は、教師にもよりますが、社会のきれいに割り切れない部分にはふみ込まないことが多かったのではないでしょうか。教職は割り切れない部分の大きい職業の1つです。そのような職種自体が、学問で追究する対象になります。本書ではところどころそのような部分も現れます。

　教職に就くためには、教育職員免許状が必要ですが、取得するために学ぶ内容には、教師という職業にかかわる部分と、教科内容にかかわる部分とがあります。そして実習もあります。大学が一般教育（general education）と専門教育から成り立っていることは、すでにみなさんもご存知でしょう。しかし教職課程はまた別の位置づけの体系をもち、人が育つこと、ものごとを学び理解すること、人を育成することを扱う学問からなります。人と人とのコミュニケーション、教え方・伝え方の技法、社会規範の枠組み、制度化のしくみ、そして教育を軸とした歴史、などがあります。見方を変えれば、それらの内容は人の成長をめぐるさまざまな問題を多角的にとらえる総合的な内容なのです。

　科目は教員免許取得という目的で統一的に構成されていますが、それらは大学の専門教育といってよい内容です。ですから教員養成を専門にした学部もあるのですが、教職課程は自然科学、社会科学、人文科学、体育・芸術などを専門として学びながら教員になりたい学生が教員免許を取得できるように設けられています。それが開放制と呼ばれる教員養成制度です。教育現場には、多くの領域の専門教育を学んだ人たちも必要だからです。

　本書は、教員養成を専門的に学ぶ学部を選ばずに、大学に進学したみなさんに、魅力のある教職課程を覗いてもらいたいという意図で執筆されています。

教員養成を目的とする学部と開放制の教職課程は、２つの制度間の競争を生み出しているといってもよいでしょう。教員になるためには、教員になるための知識を専門的に学ぶ方がよいのか、それとも教科内容に関する深い知識をもっていて、教職に関する知識は補完的に学ぶ方がよいのか。日本の教員養成制度は、そのような異なる２つの価値観の競いあいの上に成立しているのです。

　ただし本書は、教員養成を目的とした学部で学ぼうとする学生にも、そして社会人となった後で通信制大学の教職課程で教員免許を取得して人生の再出発を図る人たちにも、教職の魅力を知らせる入門書になっています。

　教職の魅力とは次のような判断が求められる職業だということにあります。

　筆者が以前勤めていた大学でゼミ生だった男子学生が、教育実習から帰ってきてこんな経験を話してくれました。配属された小学校３年生の学級で給食指導をしていた時のことです。

　当日の配膳で給食が１人分足りず、給食当番の児童が給食室に１人分の惣菜を取りに行った。その間にもう１人の当番の児童が、先に給食を始めようと「いただきます」の号令を掛けた。彼はびっくりして「きみたち、何を考えているんだ！　１人が足りない給食を受け取りに行っているだろう。そんなことをしてよいと思っているのか！」と一喝した。言ってからやり過ぎたかなと思ったが、子どもたちは納得した。その日担任の先生から「これは後から言っても役に立たない。その直後に叱ったからこそ教育効果があった」と絶賛された。

　その咄嗟の一喝の絶妙のタイミングに対して学問的には「教育的瞬間」（pedagogical moment）という語が与えられています。教職の魅力の１つはそれをとらえられるかどうか、教師が常に勝負をしているところにあります。

　この事例でもう１つ重要なことは、実習校で指導した担任の先生の価値観が一致していたことです。つまり取りに行った児童を待たなくてはいけない、その場ですぐに叱らなければいけないと判断する価値観です。教職は、そのような価値観を共有している職場だということにも魅力があるのです。本書をきっかけに、そのような価値観を共有できる人が増えることを願っています。

編者　所澤　潤

目　　次

序　章　生き方を見つめる (所澤　潤) ……………………………………… *2*

第1章　先生になる (所澤　潤) …………………………………………… *9*

　　第1節　仕事が人を作る (*9*)

　　第2節　全国の学究的な活動を担う (*11*)

　　第3節　能力よりも努力を、結果ではなくプロセスを評価する (*13*)

　　第4節　教育的瞬間 (*16*)

コラム1：ブルシット・ジョブズ (髙橋　洋行) …………………………… *19*

第2章　教師という人生を歩む (浅沼　茂・所澤　潤) …………………… *20*

　　第1節　教師人生を歴史的視点からみる (*20*)

　　第2節　貧民小学校を作った師範学校出身者 (*24*)

　　第3節　メリトクラシー構造を改革する (*26*)

コラム2：同窓会とクラス会 (所澤　潤) …………………………………… *29*

第3章　生徒と向きあう (鹿嶋　真弓) …………………………………… *30*

　　第1節　生徒と向きあい自分に問う (*30*)

　　第2節　学級崩壊立て直しで成長する教師 (*32*)

　　第3節　生徒と共に成長する教師 (*37*)

第4章　学級を育てる (鹿嶋　真弓) ……………………………………… *40*

　　第1節　教育的愛情をもつ (*40*)

　　第2節　膠着状態を脱出するための変化を起こす (*43*)

　　第3節　学校行事を活用する (*46*)

　　第4節　生徒からのサプライズは自律の証 (*47*)

第5章　心を耕す (髙橋　洋行) …………………………………………… *50*

　　第1節　心を耕すとは (*50*)

　　第2節　知識から心を耕されること (*51*)

　　第3節　心を耕すコミュニケーションとは (*54*)

　　第4節　お世話になった先生たちの思いを紡いでいく教職人生 (*57*)

v

第6章　学びを支援する (所澤　潤・鹿嶋　真弓) ···················· *58*

第1節　「教える」と「支援する」(*58*)

第2節　特別支援教育 (*62*)

第3節　日本語が話せない生徒への支援 (*65*)

第7章　学術的な教育研究が教育を支える (所澤　潤) ················ *69*

第1節　学術的研究と教育 (*69*)

第2節　コミュニケーションの理論 (*70*)

第3節　1人1言語の法則 (*73*)

コラム3：古老の昔話を聞く (所澤　潤) ··························· *79*

第8章　言語を教える (所澤　潤) ·································· *80*

第1節　日本の言語教育 (*80*)

第2節　習得レベルによる言語の分類 (*81*)

第3節　国語教育と方言 (*83*)

第4節　英語教育の改革 (*85*)

第5節　新しい展開 (*89*)

第9章　教育を保障し、補償し、保証する (所澤　潤) ·············· *91*

第1節　保障と補償と保証 (*91*)

第2節　特別支援教育への展開 (*92*)

第3節　教育機会確保法の制定 (*94*)

第4節　外国籍の子どもたちのための教育補償 (*96*)

第5節　法令の不備が生み出すもの (*99*)

コラム4：無学年制という発想 (浅沼　茂) ························ *101*

第10章　教師は学び続ける (岡田　愛) ···························· *102*

第1節　教師はどこで学ぶ？「研究と修養」(*102*)

第2節　自分を鍛える場はどこにあるのか (*104*)

第3節　よい授業をするために (*108*)

第4節　学んだことを伝えるために (*109*)

第11章　校長は学校を率いる (所澤　潤・鹿嶋　真弓) ·············· *111*

第1節　校長は学校を変える (*111*)

第2節　校長の職務 (*112*)

第3節　校長に必要な高い識見 (*113*)

第4節　私の出会った校長先生 (*115*)

第12章　歴史は学校をつくる (岡田　愛) ················ *121*

第1節　明治時代の学校と体育・スポーツ (*121*)

第2節　森有礼と兵式体操 (*125*)

第3節　教育の歴史から子どもたちの現代と未来を考える (*127*)

第13章　未曾有の事態に対応する (所澤　潤・鹿嶋　真弓) ················ *129*

第1節　学童集団疎開 (*129*)

第2節　台湾の中学校で終戦を迎えて (*132*)

第3節　東日本大震災の日の中学校現場での対応 (*134*)

コラム5：学校沿革誌、周年記念誌、学校史 (所澤　潤) ················ *139*

お わ り に ················ *140*

索　　　引 ················ *142*

知って広がる教師の世界

生き方を見つめる

　序章では、人の生き方を見つめ、自分の生き方を見つめるということを取り上げます。教職課程の授業を受けるみなさんには、本書がそのことを考えるきっかけとなることを期待しています。

　教師という仕事は、生き方を見つめる仕事です。まずそのことを伝えたいと思います。そう書くと教え子の生き方を見つめる仕事だと思うかもしれませんが、強調したいのは、自分の生き方をも見つめる仕事だということです。これからみなさんは教職課程の科目を履修するわけですが、そのことを考えながら受講すると、教職課程の学びも実りのあるものになります。

　学校にはさまざまな校種があります。みなさんがいまよく知っているのは進学のための塾や予備校でしょう。英語などの会話学校、留学生のための日本語学校もありますし、資格や技術を取得するための学校、アメリカンスクールなど外国の教育を行う学校もあります。しかし、本書は、皆さんが学校教育法（昭和22年法律第26号）の第1条で定められた学校（いわゆる一条校）で、法律で定められた資格である教員免許を所持して仕事をする、ということを前提にして、教員免許を取得できるようにと執筆しています。免許とは免許をもたない者はその仕事に携われないという意味です。自動車が運転免許をもたない者に運転できないのと同じです。

　ただし、本書には、一条校以外で教職に取り組んでいる方々にも参考になる内容も含めています。本書は、免許取得に限らず、人を教えるという活動の普遍性に踏み込もうとしている部分も多いからです。

　大学の教職課程は、大学卒業と同時に免許が取得できるように構成されています。開講される科目は法令に定められています。しかし、重要なのは、教師が人の生き方と関わる職業であるにもかかわらず、法令では、どのような生き方が望ましいかについてはまったく言及していないという点です。

　教育基本法の第9条に「法律に定める学校の教員は、自己の崇高な使命を深く自覚し、絶えず研究と修養に励み、その職責の遂行に努めなければならな

い。」とありますが、「修養」という枠組みはあっても中身についてはふれていないのです。つまり修養を通して、自ずと内容が定まるという考え方です。そのようなことは、法律が指示するものではなく、社会の意識と歴史的なものの積み重ね、そして教師自身の判断の積み重ねに従うものだと、日本では考えられているのです。

　皆さんは、これから、自分自身の教師としてあるべき姿を考えていかなければなりません。序章で話題にしたいのは、教師自身の生き方とはどのようなことか、そして自身の生き方を見つめるとはどのようなことか、ということです。筆者はそのことを、自身の経験した恩師との思い出で語ってみようと思います。

　筆者は、1961年に東京都渋谷区立長谷戸小学校に入学しましたが、４年生から６年生まで２学級を、２人の担任教師が持ち上がりで教えました。２人の教師は両学級の学力を驚くほど向上させたのですが、ここでは２人の教師の生き方のほうに焦点を当てたいと思います。

　筆者の学級の担任になったのは、文京区から転任してきた桐山甲子治教諭でした。桐山教諭は、７月になると教室で成績についてこんな説明をしました。「今学期、成績は、自分がみて判断した通りにつけます。３年生までの成績はまったく関係ありません。もちろん３年生までの担任の先生からは皆さんの成績の書類を受け取っていますが、先生はまったく見ていません。みんなの成績を自分でつけてから、前の先生がつけた成績を見ます。どのぐらい違うか楽しみです。」

　学級にセンセーションが広がったことを今でも覚えています。新しい担任になって、授業の雰囲気が３年生までとまったく違っていたので、３年生まで成績が悪かった同級生たちはみな、その話で少し希望の光が見えたような雰囲気になったのです。筆者も、３年生までとても成績が悪かったので、その１人でした。はじめてその先生の通知表が配られた時、筆者は学級平均より少しよい成績がついていたのでほっとしたのですが、自分の成績によろこんでいた同級生がたくさんいました。

　当時も今も、前の担任の申し送りの書類を確認しないことは職務として許されないことなのですが、それでも、当時そんなことを問題にする保護者は誰も

序章　生き方を見つめる　　3

いませんでした。筆者は父親にそのことを話したのですが、父は「立派な先生だ」というようなことを言い、筆者は父が褒めたことに驚いた感じをもったように思います。それはそれとして、今から考えると、学力を向上させることに意欲をもたせようとする先生の戦略的な指導だったのかなと思われます。というのは、それまで同級生たちの間では、オール5（5段階評価で全科目が最上）をもらうのは、どんな家庭の人か、というイメージが定着していたぐらいだからです。まさか、低学年でそんなことを考えるのか、と思う人もいるかもしれませんが、小学校3年生の頃には同級生たちは、誰と誰がオール5か知っており、そのような情報が飛び交っていました。

　今の筆者の目で思い出すと、「今度の担任は自分たち一人ひとりをだいぶよくみてくれている」、という印象でした。申し送りの書類に敢然と封をしておくことは、自分の信念だったのだと思います。そしてそのことは卒業までの間、筆者たち同級生にフェアな感じを与えたばかりでなく、今日に至るまで相当な影響を与えていることは実感しています。

　筆者は、そこに担任の教師の生き方を読み取っています。人の目ではなく、自分の目で判断するということです。その他の場面でも、既成の観念にとらわれず、権威と衝突することをいとわない教師でした。つねに自分の生き方を見つめながら教師として生きていたのだと思うのです。

　隣の学級の担任の中村大（ひろし）教諭は、以前から同校にいて、別の学年を受け持っていた方で、厳しい先生で笑う顔を見せたこともない、とさえいわれていました。当時、筆者は隣の学級で起こっていることはほとんど知りませんでしたが、3年生までの同級生で、4年生になってその学級に入った友人たちが40年ほど経って筆者にさまざまな経験を語ってくれています。その話を聞くと、桐山教諭と同様に自分の生き方をずっと見つめていた方だったと思いますが、その姿は優しい感じの桐山教諭と対極的でした。

　中村教諭は、4年生で担任になった最初の日に、みなに宣言したのだそうです。「親がどんな職業にあろうと、どんな地位にあろうと、成績には一切関係しない。成績は、私が君たち自身を判断してつける。」つまり、親の職業や地位で贔屓はしない、と明言したのです。筆者の学級の担任の桐山教諭が、今ま

での成績は見ないで、自分の目で見たことで成績をつけると言ったことと、通じています。

　教えてくれた友人は、親の影響で３年生までは贔屓されていて成績が良かったため、４年生から成績がひどく下がったと、今では笑い話のようにそのことを話題にして感謝しています。

　２人の教師は年齢も近く、45年ほどのちに中村元教諭からうかがったところでは、帰りはしょっちゅう２人で飲みに行っていたということでしたので、ある程度打ちあわせがあったものと思われます。

　中村教諭の児童の呼名が男女とも呼び捨てだったことは、上級生下級生の間で厳しさの現れとして話題になっていました。しかし、それが厳しさの現れではなく、公平性、平等性の徹底なのだと筆者が気付いたのは、やはり卒業後40年以上してからでした。

　最近、子どもの呼名の時、男女をとわず「さん」をつけるということが、男女平等を示すものとして学校現場で広がっています。男女とも呼び捨てにするのは、当時でもあまりあったわけではありませんが、平等性を示すものでした。同級生同士では低学年の時のまま「さん」や「君」をつけて呼んでいたそうです。いずれにしても保護者も地域も反対した人は皆無でした。むしろ、筆者たち児童にとっては、担任の先生が自分たちをどう呼ぶかが、当時ちょっとした関心事でさえありました。それで、各学級の様子を聞き、「おお、中村先生は男子も女子もすべて呼び捨てか」と感心していたことは確かです。中学校に上がれば男子同士では呼び捨てもあり、という時代でしたが、ただ、女子も男子と同様に呼び捨てにしたのが特別な点でした。

　その学級には、姓名とも同音で名前の漢字が違う女子がいました。どう呼名しているか、隣の学級の筆者たちは興味津々だったのですが、１人を姓で呼び、１人を名前で呼び分けるというのです。そのことを聞いて筆者の学級のみなはとても感心していたのですが、ただ、筆者は名前で呼ばれるほうの子はやはり不公平だったのではないかと、内心思っていました。40年以上経って、その学級にいた友人から３か月ごとに姓と名前の呼名を入れ替えていたということを聞いて驚きました。そのようにして公平性を保つという配慮をしていたのです。

序章　生き方を見つめる　　5

さらにこんなできごともあったそうです。

　ある男子児童が、１人の女子児童のことを、家庭がシングルマザーだということで授業中にからかったのだそうです。当時は、「片親」という言い方もされ、さげすまれることが多い時代でした。それに気づいた先生はその男子を黒板の前に引きずり出して皆の前で厳しく叱りつけ、さらに廊下に連れ出して大声で叱っていたというのです。先生はよほど許せないと思ったのでしょう。学校の先生がそんなふうに怒りを見せて叱る姿を見たのは、後にも先にもこの１度だけだったと友人は言っています。

　その話を聞いて、筆者は、５年生の12月頃にその学級に１人の男子が転校してきた時のことを思い出しました。それは今から考えるととても対応の難しいことで、筆者の学級の方ではとても想像できない状況でした。筆者は、その厳しい教諭の様子が変わり、少し柔らかい印象になったことも思い出しました。友人たちは彼の思い出を今でも話してくれますので、あとで聞いたこともつけ加えて書くと、転校してきた彼に対して、その先生はきわめて丁寧に接していたのです。彼は半ズボンから出た太ももやすねがいつも土ぼこりにまみれていました。シングルファーザーで、父親の仕事がなく、都内を転々としていたのですが、筆者の家の近くの町工場に仕事が見つかって転校してきたのでした。

　転校してきて、数日後に筆者や筆者の同級生たちは彼と廊下で話す機会があったのですが、みなと話がかみあわず、時々おどけてみせ、笑いをとろうとするような奇妙な仕草をしたのです。１、２週間が過ぎてから、彼に出会って同じような対応をするのかと思ったらそういう仕草がなくなり、かなり普通の感じになっていました。のちに友人の語るところでは、授業中に彼が発言して、何人かが笑いを漏らした時、先生は間髪を容れず「○○が喋るとそんなに可笑しいか⁉」と一喝し、シーンと静まり返ったことがあったそうです。前の小学校まではかなり同級生から辛い目に遭わされていて、笑いをとってしのいでいたのではないかと思うのです。

　転校してきてから何か月かの間、リーダー格の女子数人が、休み時間や放課後に時々彼の相手をしていたことを思い出します。転入生だということで、女子たちが自主的に面倒をみていたのかもしれませんが、筆者の住んでいる地域

6　　序章　生き方を見つめる

では女子が男子と遊ぶのは珍しいことだったので記憶に残っています。学年が変わる頃には普通に男子のなかで遊ぶ姿を見ることが多くなりました。筆者は、同じ町会の地域に住んでいたので、授業外で出会うことが時々あり、筆者もようやく普通に話ができるようになったことを覚えています。

　最近知ったことですが、1人の同級生の話によればこんなこともあったそうです。彼が、遠足か社会科見学の前日、職員室に来て、父親と2人暮らしで弁当が用意できないため明日は休むと先生に伝えたところ、先生は「明日は行く用意をして、30分早く直接職員室に来るように」と言い、当日、朝早く来た彼に弁当を持たせてみんなと一緒に参加させたということでした。ただし、同級生のほとんどは知らなかったようです。

　中村教諭は、転校生の彼を学級に受け入れてから、彼が来る前なら叱られるに違いないような立ち居振る舞いを明らかに許容していました。だから厳しい怖い先生という印象がいくぶん薄らいだように筆者は感じたのかもしれません。中村教諭は指導のあり方を変えたのだと筆者は思っています。序章の冒頭で述べている自分を見つめる、というタイミングだったのではないかと思うのです。今、教員養成という仕事に携わっている筆者は、僭越ながらそのように感じています。

　残念なことに、6年生の12月に父親の勤務した町工場に火災があり、全焼してしまったため、彼は転校していきました。転校していく前に、筆者の担任の桐山教諭は筆者たち全員に教室で残念そうにこう話しました。「先生方がかなり一生懸命仕事を探したが、バスや電車で通学できる範囲に仕事が見つからなかった」と。一緒に卒業することはできなかったのです。そのため、1月以降の彼の消息はまったくわからなかったのですが、友人の話によると、もう今（2023年）から30年以上も前、30歳過ぎの頃、ある時、中村教諭の家をひょっこり尋ねてきて、「先生のクラスで学んだことで自分は救われた、そのお蔭で今の自分がある」と感謝の気持ちを語ったのだそうです。その後また行方がわからなくなりました。そのことを聞き、中村教諭の対応が彼の人生を変えたことを知りました。

　筆者たちの学年は、その3年間で、さまざまな得がたい体験をしていたのだ

と思いますが、今、序章を執筆していて、2人の担任教諭の、教師としての生き方を、筆者たちはつねに感じていたことに気づかされました。特に中村教諭の転校生への対応は、自分の教師としてのありかたを見つめざるをえない厳しい状況にあったのです。中村教諭がそのことを真っ向から受け止めていたことが、その同級生たちに多くの思い出を残しています。転校生の彼もまた、だからこそ20年以上も経ってから中村教諭に会いに来たのでしょう。

　みなさんのなかには、こんなに大変な仕事は自分にはできないと感じた人もいるかもしれません。しかし、どのような仕事を選んでも、自分の一生を懸けて取り組めば、決断が必要な時があります。ただ、教職は自分の生き方を見つめ直す機会の多い仕事です。その点が、筆者にはむしろ魅力的にも思えます。ここで紹介したような事例は今の時代でも出会う可能性があるかもしれません。皆さんの先輩にあたる2人の先生の姿を通して、児童と向きあうことが、自分の生き方を見つめることと直結しているということに気づいてほしいと思っています。

　教職はそのような仕事の1つであり、教職は一生を懸けるに値する仕事です。教職課程の入り口にいる皆さんが、生き方を見つめるということを前提に教職課程で学び始めれば、教師になるならないは別にして多くのものを得ることができます。教職は、今みなさんの手の届くところにあります。

（所澤　潤）

Chapter 1

先生になる

　チップス先生は、イギリスの架空の学校ブルックフィールド校に1870年から1918年までラテン語とギリシャ語の教師として勤めていました。ヒルトン作の名作『チップス先生、さようなら』は、彼の教職人生の転機を鋭く描き出す小説です。彼の凡庸な教師生活は、1896年に48歳で若い理想主義者の女性と結婚したことで一変します。生徒に対する叱り方が変わり、ユーモアのセンスが開花したのです。しかし作品は次々に辛いできごとを描きます。結婚2年後に妻が胎児とともに亡くなります。それに、当時起こっていた戦争で教え子や同僚が亡くなることも続きます。元同僚ドイツ人教師が戦死した時には、学校の戦死者追悼式で敵側であるにもかかわらず追悼の辞を述べ、同僚や生徒の度肝を抜きます。彼の場合、先生であるとは、そうした辛さと悲しみを伴う人生を生きることだったのです。子どもがいなくても何千人もの教え子がいる、という思いをもって彼は85歳で亡くなります。

　　キーワード：教職、社会的存在、専門性、緊張関係、教育的瞬間

第1節　仕事が人を作る

1．さまざまなことができる教職

　仕事は人を作ります。これからみなさんが大学で学び、大学を卒業して就職すると、仕事をすることによって自分自身が成長していきます。みなさんを待っている仕事は、どの仕事でもみなさんを成長させます。**教職もその1つです。**ただし、選ぶことが可能な職種のなかでも、自分を作る非常に大きな可能性の広がっている仕事の1つだ、ということを、まず説明したいと思います。

　みなさんは、大学に入学する前に教員になろうという選択をしていない人が大半です。自分はいったい何に向いているのだろうか、自分の一生の仕事として何を選ぶべきだろうか。それは、さまざまな職業への機会が開かれている今日にあっては、当然の迷いです。

しかし、その一方で、かりに学問に打ち込んでみたり、スポーツや芸術活動に打ち込んでみたりしても、それを専門的な職業にするのは容易ではありません。それらのルートは、大学を卒業することが職業に直結しているわけではないからです。スポーツや芸術に比べれば、学問は大学院が研究者養成機関となっているため、もう少し多くの人に開かれています。しかし、それでも生活費も将来も保障されていない大学院を選ぶのには相当な覚悟が必要です。

かといって、生活の糧が保障されることを求めて、企業や公務員の仕事に就けば、余暇にスポーツも芸術も、そして学問も続けるのは容易ではなく、多くの人は落伍してしまいます。

教職はその道の専門家、プロとは異なりますが、しかし多くの職業と違って、自分の行いたいスポーツ、芸術活動そして学究活動に携わる機会が、職業の一部として提供される可能性の高い職種です。

2．教職の特性

そのような教職は、みなさんに2つの特性をもたらすことになります。第1の特性といってよいのは、自分が学究に関わる**社会的存在**になり、全国の学究的な活動の一端を担う機会に出逢うことがあるということです。実は全国的なスポーツ活動や芸術活動も多くの教員が指導的立場から担っているのですが、本章では学究的な活動に目を向けます。

そして第2の特性は、結果に拘泥することなく日々の営みに集中する存在になっていくことです。たとえすぐれた結果が出て評価されたとしても、結果を生み出した能力よりも、結果が出てくるまでの努力とプロセスを大切にする自分が生まれるということです。

最初に、仕事が人を作る、と述べました。社会的存在としての自分は、その2つの特性を軸にして社会との関わり、そして多数の児童生徒との関わりを通して形成されていきます。2つの特性は自分を見つめ直す機会を頻繁に作り出し、そのため自分の人格がおのずと磨かれていくからです。そのことは結果的に、社会において模範となるような自分、児童生徒に模範となるような自分を形成していくことにもなります。

第 2 節　全国の学究的な活動を担う

1．社会的存在としての自分

　みなさんには、全国の学究的な活動が、教職にある人たちによって担われているという第1の特性について、もう少し知ってもらいたいと思います。つまり、学校の先生は児童生徒の指導のみをしているのではなく、勤務している間にしだいに社会の一端を担う社会的存在となっていきます。

　法的には小中高等学校の教師は教育が職務であって、研究者でも芸術家でもありません。教える内容を深く理解することは求められていますが、その内容の学術的発展に携わることは職務には入っていません。にもかかわらず、全国で多くの小中高等学校の教師が学術的発展に関わる研究的な活動を担っています。

　教師が携わる研究的な活動には主に2つの類型があります。

2．自身の職務についての研究

　第1の類型は、授業等、自身の職務に関する研究です。日本社会の常識として、誰でも自分の仕事について研究し、仕事の質を向上させるということがあります。ですから、教育に携わる人は、たとえ研究することが職務であると明記されていなくても、自分の行う職務、つまり指導のあり方について研究をするのは当然のことなのです。

　教育という職務の研究については、全国各地の国公立幼稚園小中高等学校でも私立校でも行われています。取り組みの濃淡はありますが、多くの学校では月に1回程度の研究授業が行われ、そのあとに授業研究会が行われて授業の内容について検討を重ねています。教育委員会は通常3年度程度にわたる研究指定校を管轄下の学校から選び、選ばれた学校は、最後の年には公開研究会を開催して、研究授業の公開のほか、講演やシンポジウムも行い、研究成果の共有化を図っています。その研究会には全国から1000名以上の関係者が参加することもあります。

3．学術研究に携わる職務もある

　しかし、みなさんには幼稚園小中高等学校の教員になった場合、第2の類型の学術的な研究をする機会が訪れることがあります。全国の幼稚園小中高等学校の教員を見渡すと、図書館の司書、美術館の学芸員、公文書館や埋蔵文化財発掘の職務など、学校を離れて、学術研究や文化的活動を職務として担っている教員たちがいます。都道府県によってシステムが異なりますが、それらの施設が教育委員会管轄になっている県では、学校に勤務している教員が、それらの施設に異動して教員の身分のまま担当しています。そのようなポストに就くと、教員というより、その領域の専門家としての自分が作られていきます。

　現在の日本社会は、実は教員が、そのような学校教員の枠からはみ出した職務を担うことによって、隅々にまで目が届く遺漏の少ない社会システムが形成されています。

　沖縄県浦添市の郷土副読本『改訂版　わたしたちの浦添市　3・4年』は、そのような一例として興味深いものです。同書には方言を扱った部分がありますが、浦添市で小学校長を歴任した銘苅健氏が、校長在任中に編集執筆を担当したものです。2020年3月発行版ではその部分が10頁に増加されています。

　こんな標準語と方言の対訳があります。

　・「わたしは　野球部に入っています。」

　・「わんねー　野球部んかい　いっちょーいびーん。」

　人数の数え方ももちろん異なり、1人から6人まで「ちゅい」「たい」「みっちゃい」「ゆったい」「ぐにん」「くるにん」と書かれています。

　そのほか、身体、動物、食べ物、数の数え方、場所、方角を指す単語や、家族の呼び方が紹介され、続いて、学校で使おうということで、自己紹介、朝の会、月日の呼称、休み時間（子ども同士）と授業中の言葉、褒め言葉、励まし言葉、反対語の例があげられています。そして最後は、文化的面として「浦添の地名（方言）」「沖縄のことわざ」「沖縄の歌（琉歌）」が紹介されています。琉歌については、8音・8音・8音・6音の計30音からなっていることが説明され、琉歌の例があがっています。そして「どんな琉歌があるのかおじいちゃんやおばあちゃんに聞いてみましょう」と書かれています。

銘苅氏が琉球方言のきわめて堪能な使い手であるということが、琉球方言を副読本に取り入れる機会をもたらしましたが、従来になかった副読本を作り出そうとしたのですから、創造的・学究的な活動ともいえます。そうした方言のページを含む小学生向けの副読本の制作、そして方言保持の活動を教育の場で実施するには、担い手としての教員の存在が欠かせません。教職にある人たちはそのような形で、社会を支えるとともに、自分自身も人材として社会によって育成されるという往還関係にあります。

▍第3節 ┃ 能力よりも努力を、結果ではなくプロセスを評価する

1. 能力で褒めない

　第2の特性に注目します。教育では、子どもがよくできた時、頭がいいとか、君は能力があるねとかと褒めてはいけない、よく頑張ったねと褒めなければいけない、と言われています。皆さんは知っていたでしょうか？ また、教育は結果で判断してはいけない、そこに至るプロセスに注目しなければならない、と言われていることも知っていたでしょうか。教職に就くと、そのような価値を基本とする自分が作り上げられていきます。

　まず、能力があるという褒め方がなぜいけないのかを考えてみましょう。能力があると褒められると、本人は、うまくいったのは能力があるからだと考えるようになって、一生懸命取り組まなくてもできるだろうと思うようになります。うまくできないと、自分に能力がないからだと判断して放棄してしまいます。ところがよく頑張ったと褒めると、多くの子はうまくいった時も、いかなかった時も、次の機会はまた頑張ろうと思えるのです。

　一般的な感覚として、頑張ることはだれでもできることですが、能力は伸びるものだというよりは生得的なもので、個人の努力ではどうにもならないという意識があります。児童生徒も小さい頃から何となくそういう感覚に染まっています。学力も技能も芸術的センスも、長期にわたる日々の積み重ねで形成されていくものなので、その指導の違いは何年も積み重なって大きな違いを生み出します。みなさんのなかにも、思い当たる人がいるのではないでしょうか。

2．結果で褒めない

　次に、結果で判断するよりもプロセスに注目せよ、という方に目を向けてみます。身近な例として、中学校、高等学校の運動部をあげてみます。競技型のスポーツの場合勝敗があります。結果を見れば勝ったか負けたかということになります。勝利を究極の目標にしてしまうと、トーナメントに出場すれば、勝者は1人あるいは1チームで、他の全参加者が敗退者になります。ですから、参加することに価値がある、という考えが生まれます。多くの運動部出身者が運動部によい思い出をもっているのは、勝利よりも大切なものを得たからです。教職に就けば、結果とは違う次元の、そのような経験を追求する仕事に取り組むことになるといってもよいでしょう。

　さて、ここでさきに述べた能力で褒めないことにつなげて考えてみます。実は能力で褒めない、ということの前には、通常なんらかのよい結果があります。その結果を能力の賜物として褒めるのがまずい、ということです。そこで、結果で判断しなければ、多くの場合プロセスを見ようということになりますが、そのプロセスもやはり能力の有無で評価してしまえば、教育的にはマイナスになります。

　ですから、教職に就くと、結果で評価しないということが重要になりますが、一方でよい結果が出た時に褒めないのは不適切なことです。そして心しておかなければならないことは、教師には、よいわるいを判別する機会が頻繁にあるということです。つまり、才能がある、センスがよい、英語の場合にいい耳をもっているというような能力による評価ではなく、よくここまで達成できた、よく頑張った、努力が報われた、などという評価をすることを基調にしなければならないのです。もしみなさん自身が、達成した結果に対して、それを能力で評価する感覚になじんでいるようでしたら、教職に就く前から、能力ではなくプロセスを評価するセンスを養わなければなりません。

　ちなみに、プロセスを重視し、能力に拠らない評価に徹していくと、2つのことが期待できます。1つは、予想外の結果が生まれる可能性です。運動部でいえば、思わぬ強いチームができてトーナメントで勝ち進む可能性もあるということです。もう1つはその部の活動に魅力を感じて、多くの生徒が入部し、

14　　第1章　先生になる

その魅力を部員として共有できるようになることです。

3．教職の専門性

　教員は、成果を生み出したみなもとを児童生徒の能力に求めず、一人ひとりの頑張りに求めます。しかし、一般の人は必ずしもそうではない、ということを、筆者がある高校の教師から聞いた一例で、紹介しておきたいと思います。

　もうかなり昔、1980年代のことになりますが、あるフィールド球技スポーツを指導していた高校の教師から、夏の高校総体（インターハイ）の時にこんなことを聞きました。その年、春の高校選抜大会に出場して活躍したある女子チームに起こったことです。そのチームは全日本代表選手候補を擁していて、インターハイで上位に勝ち進むことが期待されていました。そのチームの指導をしている教師は、春の大会の期間中に、その球技で有名な男子の全日本代表選手に出会い、顔見知りだったのでふと思いついて、自分のチームの選手たちを集めてアドバイスをお願いしたのです。その選手は集められた部員の前でこんなことを言ったそうです。

　　　「君たちのチームには全日本チームに入れそうなエースが1人いる。このチーム
　　　はエースただ1人のチームだから、その選手が活躍できるように、チームを
　　　作らなければいけない。」

　プレイヤーとして尊敬している全日本チームの選手からのアドバイスでしたが、チームの励みにはならず、その年のチームはガタガタになってしまいました。部員がみな、やる気を失ってしまったのです。

　この事例は、チームを育てていた教師が、それまで部員にそのような能力評価を一切感じさせていなかったことを示しています。通常、強豪チームでは指導者（教師の場合も有資格外部コーチの場合もあります）の指導は絶対的で、外部からのアドバイスを受け入れることは一切ないのですから、その教師に魔が差したというべきかもしれません。ともかく自分たちの高校の教師より格上に見える男子全日本代表選手からのそのアドバイスは致命的な影響を与えたのです。

　その話をしてくださった教師は、筆者にこんなことを教えようとして話してくださったのでした。チームを育成する指導者は、他のチームの監督、コーチ

などからアドバイスを得る際、チームの選手に直接アドバイスをさせてはいけ
ない、ということです。

　今、そのことを本章の、能力で判断しないという視点で考え直してみると、
みなさんにも、そのアドバイスの何が学校の教師の指導と根本的に違っていた
のかに気づけたことでしょう。人を育てることに携わる教職の専門性の重要な
1つも感じとれたのではないでしょうか。それとともに、人を育てる仕事の難
しさと魅力も感じられたに違いないと思います。

▌第4節 │ 教育的瞬間

1．人生を変えた一言

　結果だけで判断しないのなら、仕事の厳しさはどのようにして生まれるので
しょうか。仕事の張り合いはどこにあるのか、ということが気になっている人
もみなさんのなかには多いと思います。しかし、教職には教職ならではの、別
次元の厳しさがあります。

　教師を支える厳しさの1つとして、日々児童生徒と向きあう時の「緊張関
係」のことにふれたいと思います。ここではその語のイメージを示す事例とし
て、筆者が渋谷区立長谷戸小学校の4年生の時の経験を取り上げてみたいと思
います（所澤潤「教育的瞬間　―小学校の先生の一言の重み―」『東京未来大学こども心理
学部の教員がつづるのブログ：ココロのコトバ』（2020年2月7日）で同じ話題を取り上げ
た）。学級担任の桐山甲子治教諭の一言が、同級生の将来を変えたのです。

　筆者は、50代の半ばを過ぎてから、3年生まで成績のふるわなかった同級生
と会った時にこんな話を聞いたのです。彼は、3年生まで成績が5段階評価で
ほとんど1か2だったため、4年生になる時、学力が低いから新設されて間も
ない特殊学級に入らないかと、勧められたのだそうです。今でいう特別支援学
級です。学校と保護者の相談の結果、「4年生になったら担任の先生も替わる
ことだし、もう少し様子を見てから決めよう」ということになったということ
でした。

　そして、こんなことがありました。転任してきた桐山甲子治教諭は、4月か

ら毎日授業の合間に10分にも満たない暗算の時間を始めていました。暗算の時間に自分1人ができたことがあって、桐山教諭が、教室のその場で「なんだ、○○君、キミ、できるじゃないか」と言ったのです。彼によれば、その言葉で「自分も少し勉強してみようか」と思ったのだというのです。

　筆者は、彼の思い出話を聞いた瞬間、桐山教諭がその一言を発したその場面を、教室での席のおよその位置まで含めてありありと思い出しました。5月10日頃のことだということも思い出しました。彼だけが正解にたどり着き、3年生までの彼の不振ぶりを知っていた筆者を含む同級生は、その瞬間何かとても嬉しい気持ちに包まれて、感嘆と賞賛の雰囲気が教室に満ちたのです。

　彼は、区立中学校卒業後、都立の工業高校に進学し、卒業して東京都23区の某区の公務員になりました。図面を引いたこともあると言っていました。先生の一言が1人の児童のそんな人生を生み出したのです。

2．教育的瞬間と緊張関係

　教育学では、教師が一言を発したその瞬間を、序文でもふれた「**教育的瞬間**」（pedagogical moment）と呼んでいます。そしてまた、別の用語として先ほども用いた「緊張関係」という語もあるのですが、その語を用いれば、桐山教諭と児童生徒との間によい意味での「緊張関係」が築かれていたからこそ、その瞬間をとらえられたのだ、とも理解されます。

　そのエピソードを思い返してみると、教師の仕事の厳しさは、その瞬間をとらえられるかどうかにあるのではないかと思います。その厳しさの質は他の職種と異なります。というのは、とらえられなかったからといって、誰からも失敗だとは認識されないからです。もし4年生の5月に少し勉強をしてみようかな、と思うことがなく、成績がふるわないまま上級生になって中学校に進学していたら、彼の人生はまったく別のものになってしまったでしょう。しかし、誰も先生をとがめることはなく、本人どころか、誰も彼に別の人生が拓ける可能性のある「教育的瞬間」を、先生が見逃したことに気づくはずがないのです。

　残念なことに、桐山教諭は筆者がその話を聞いた10年ほど前に亡くなられており、亡くなる前にも、おそらくその一言が生んだ結果を聞き及ぶこともなか

ったでしょう。桐山教諭はその瞬間をふり返って意識したことさえなかったのかもしれません。

　もしかしたら、教育的瞬間になりうるタイミングは非常にたくさんあって、ほとんどの教師がそれを拾えずに見過ごしているのかもしれません。そう考えると、つねに自分が教育的瞬間になりうるタイミングを見落としていないかと見つめ直し、緊張関係を維持する自分を作るということが教職には求められているように思えます。

　教師になるとは、結果にこだわらず、プロセスを大切にし、人を能力で評価しない、──日々そのようなスタンスで生きていく自分を作り上げていく、ということなのです。

（所澤　潤）

【さらに学びたい人のために】

森口秀志編（1999）．教師　いま学校でなにが起こっているのか？　87人の教師たちが語るニッポンの学校・教育・子ども　晶文社：教師の人生とは？　楽しみ、苦しさ、生きがい。全国87人の小中高等学校教師のインタビューから、それらが見えてきます。微々たる人数ともいえますが、本書は「多種多様な教師たちの姿が見えてくる」と自負しています。一例をあげれば、公立高校の「底辺校」で「教師の醍醐味に目覚めた」経験（p.233）など。多くの語りから見えてくるのは「教師たちの姿」より、むしろ「教職の魅力」ではないかなと感じさせられます。

丸岡秀子（1976〜）．一筋の道（第一部、第二部、第三部）偕成社文庫：作者の自伝的長編。里子に出されたり、祖母に育てられたりと複雑な家庭で育った主人公恵子は、長野県の中込小学校から長野の高等女学校に進み、さらに奈良女子高等師範学校文科に無試験入学し、そして卒業後に奈良県内の師範学校の教師となります。彼女は、当時の女性のエリートコースを歩んだのですが、女性の生きづらさと直面することになります。恵子の経験を通して、生家との対立、女子師範学校での職場の対立、友人の女工の苦難などが描き出されます。女性が、教職に就くということが、全く男子と異なった困難を抱えたものであったことを知ることができます（第2章参照）。

ジェイムズ・ヒルトン著、白石朗訳（2016）．『チップス先生、さようなら』新潮文庫：第2章冒頭で紹介した小説。

·················· **コラム１：ブルシット・ジョブズ** ··················

　ブルシット・ジョブズ（Bullshit Jobs）という言葉を知っていますか。直訳すると「でたらめな仕事」となりますが、この言葉を作り出したのはアメリカの人類学者デヴィッド・グレーバー（David Rolfe Graeber, 1961-2020）です。彼は著書『Bullshit Jobs: A Theory』（訳語：ブルシット・ジョブ──クソどうでもいい仕事の理論）の中で、今の世の中に意味のない仕事が蔓延していると説き、現代社会における仕事の半分は当事者でさえも無意味な仕事であると認識しているにもかかわらず、その仕事を止められない状態、あるいはその現象を総じてブルシット・ジョブズと呼んでいます。

　学生の皆さんはこのコラムを読んでまず、「教職ももしかしてブルシット・ジョブズに入っているのではないか？」と思われるかもしれません。答えはNOです。教職はいわゆる人類が生きていく上で限りなく必要であると見なされる仕事ですので、教師や看護師などの仕事はシット・ジョブズ（Shit Jobs）に分類されています。シット・ジョブズは本来、意味のある仕事ですが、勤務超過、低賃金、社会的地位の低さなどから批判も多いため、仕事の中身自体は至極まっとうなものであるにもかかわらず、Shit（ひどい）Jobs（仕事）とされているのです。ではこのブルシット・ジョブズとはどのような仕事なのでしょうか。グレーバーは、これらの仕事を報酬や社会的地位の高い人が行う仕事であると指摘しています。

　コロナ禍でこんな話題を聞いたことはないでしょうか。感染が増えていくなかで政府は病床を増やす等の対策をしたが、感染の第２波、第３波と続いたなか、入院患者数を増やすことができずに政府や地方自治体の対応に不満が募りました。また共働きで子どもを保育所に預けなければいけないのに保育士不足や園内感染によって子どもを自宅におかなければならず、そもそも仕事にならない等々の不満など。エッセンシャルワーカーなど生活に直結するような仕事は社会的な需要がありますが、たとえば福祉士は労働条件が劣悪なので、なり手そのものが少ないことが悩みの一つになっています。一方で医者や弁護士など一部の必要な職業を除いて、生活に直接影響を与えない仕事、いわゆる自分以外の人間が同じポストに就こうが現状は変わらないといった仕事に多くの需要がある現状そのものをブルシット・ジョブズと見なしています。グレーバーは自身の著書で、ブルシット・ジョブズが増える現象として資本主義やネオ・リベラリズムの台頭などとも関連づけて述べているので一読してみてはいかがでしょうか。

（髙橋　洋行）

参考文献
デヴィッド・グレーバー著，酒井隆史，芳賀達彦，森田和樹訳（2020），ブルシット・ジョブ──クソ
　　どうでもいい仕事の理論──　岩波書店

教師という人生を歩む

> 　東京高等師範学校に図画手工専修科が新設される1940年4月のことです。ある群馬県の小学校の若手教員が受験したいと思い、所属校の校長に相談しました。すると校長は「合格すれば本校の名誉だ、1か月休みをやるから東京で準備しろ」と受験を許可してくれました。覚悟を決めて受験し、合格したのですが、もし不合格だったら鉄道自殺しようと考えていたそうです。後に群馬大学の技術教育の教授となった故・吉岡隆二氏の経験談です。本章のメリトクラシーの説明から、その覚悟の意味を知ることができます。
> キーワード：立身出世、メリトクラシー、師範型、複線型学校体系、小説教育者、貧民小学校

第1節　教師人生を歴史的視点からみる

　そもそも、みなさんはなぜ、教職という仕事に就くことを思いついたのでしょうか。最初のうち、なんとなくとか、資格として教員免許をとっておきたいとか、皆がとるからというような軽い気持ちで答える人が多いのが本当のところです。このような教職課程選択の動機についての問いは、仕事の質をまだ表面的にしか理解していない段階では、みなさんが本当に何を生業（なりわい）として生きたいのかという、人生観に関わる問題です。

　と、ここまで書くと、教職を神聖視しようとしていると思われがちなのですが、しかし、そのような意味ではなく、もっと単純明快なものです。あなたは、教師で食っていこうとしているのでしょうか。

　そのように考えると、小中学校の教師より高等学校の教師の方が、給料が高いので、高等学校の方に就職したいと考える人もたくさんいます。本来、小学校、中学校、高等学校は対象となる教え子の年齢層が異なるため、貴賤はなくてもよいはずなのですが、現状はそうなっています。ただ1947年施行の学校教育法の体制下では、以前の時代に比べれば序列はかなり改善されています。

本章では、過去にあった序列のある価値観の制度的しくみを確認し、その序列意識がかなり弱くなった現在と比較します。将来みなさんが教員として勤務している間には勤務する校種による序列意識はもっと少なくなるでしょう。

　中高の教職は採用されるのが非常に難しく、公立校の教員採用試験の倍率は非常に高くなっています。少子化時代で学校数も減ろうとしている今は、募集数が減っていますから、なお狭き門です。一方、小学校の教員は教職ブラック論がマスメディアで騒がれているために教員不足が著しく、本書を執筆している2024年現在でも年度途中の臨時採用が全国で頻繁に起こっています。需給の関係でいえば、小学校教員の方の待遇がよくなってもよいようにも思います。

　中等教育の教員の方がなんとなく格が上だという意識は、明治のはじめからありました。司馬遼太郎の小説『坂の上の雲』には、後に陸軍大将となる秋山好古という人物が出てきますが、その経歴にも読み取れます。

　伊予の松山藩の下級武士の長男として生まれた好古は、稼ぎの少ない仕事をして弟たちを養うという役目を負って暮らしていましたが、その暮らしを捨てて大阪に稼ぎに出ます。好古は家柄に頼れない出自の立場でしたので**立身出世**をめざしました。明治維新は家柄・門閥による世襲型のしくみを取り払い、能力による競争で出世が決まる社会を作り出したからです。そのしくみは**メリトクラシー**と呼ばれ、日本では「業績主義」や「能力主義」と訳されています。

　そして好古は小学校の代用教員になりましたが、それでは立場が弱いので当時給費制であった大阪の師範学校に入学しました。そのことは師範学校に入る者の階層を示唆しているわけでもあるのですが、卒業して名古屋師範学校附属小学校の教員になります。さらにより上の学校に入ろうと考えている時、陸軍士官学校の道を勧められて軍人になりました。より良い給料と地位を得ようとしたのです。

　好古の師範学校進学は、当時から教職が立身出世のしくみのなかにあったということを物語っています。ただし教頭や校長を目指すばかりでなく、師範学校附属小学校教員や中等教育の教員になるということも出世の１つでした。

　各県の初等教員養成の学校であった師範学校は、各県の小学校卒業の俊才が入学していました。しかし、それでもなお教員の世界には、初等教員から中等

教員に転じるということが「立身出世」だというメリトクラシーのしくみが隠されていたのです。現在の日本ではその価値観はほとんど残っていないと思いますが、かつては次の2つのしかけがしくまれていました。

　1つ目は、日本の近代教育制度の根底に「立身出世」の価値観があったことです。その始まりである1872（明治5）年頒布の「学制」には、太政官被仰出書も併せて発せられていたのですが、そのなかに、「学問」は明確に「身を立つるの財本」と書かれています。それには2つの意味があります。1つは「食べていく」ためだということ、そしてもう1つは「出世する」という哲学です。

　初等教員の免許を得られる師範学校卒業もまた「身を立つるの財本」の1つでした。「学問」を身につける道具であったのですが、初等教員よりも中等教員の方が、その財本をたくさん身につけていると考えられていたのです。

　2つ目は、明治のはじめから戦前までの学校の体系が現在の学校教育法と違って「複線型」学校制度であったということです。当時帝国大学を頂点とする大学へ進学できるのは中学校、そして高等学校あるいは大学予科への進学を経た人たちでした。かつての高等学校は超難関で、現在の後期中等教育の高等学校とはまったく違って、現在の大学の一般教育（general education）を担うような学校でした。師範学校はその進学ルートの外に置かれていたのです。

　そのような進学体系は時期によって変動があり、また男女によって異なっていました。たとえば医師養成コースへは師範学校に入学してしまうと進学できず、もう一度中学校に途中編入などをして別のルートに乗り換える必要がありました。

　中等教員の免許を得られるのは、師範学校卒や中学校（女子は高等女学校）卒の学歴で進学する高等師範学校あるいは私立大学の高等師範科が原則でしたが、その進学のしくみは中等教員のほうが初等教員よりも、学問すなわち「財本」をより多く身につけられるという考えに立っています。小学校教員にも、進学あるいは検定試験で中等教員の免許状を取得する「立身出世」のコースが設けられていましたが、狭き門でした。

　師範学校は卒業後に何年間か指定の学校で教員として勤務することが義務でしたが、一部の教員は義務の期間が過ぎると別のルートに入り直していました。

好古は、名古屋師範附属小学校に勤めたあと、まだ草創期にあった陸軍士官学校に入り直したのでした。

　以上の「立身出世」の２つの、いわばしかけは「師範型」という教師像を生み出しました。好古が没落士族の子弟であったということは、当時の教育文化を象徴しています。弟の秋山真之（日露戦争の立役者として有名）が東京で兄の家に同居していた時分のこのような逸話が描かれています。横浜にいる貿易商の兄に、上等の兵児帯を買って貰い、家で締めていると、師範学校で教育を受けた兄の好古にその姿を見とがめられ、「歴とした男子は華美を排するのだ。縄でも巻いておけ」と言われます。その逸話が小説では士官学校の教官であった好古の個性のように描かれていますが、そのような教育文化は好古ひとりのものではなく、江戸時代に武士社会で形成されてきた教育に対する考え方が継承されたものとみられます。その文化は、現代でも教師が尊敬の念をもたれている基盤になったとみられています。

　しかし、やがて初等教育に携わった卒業生たちに自然発生的に生まれた教師像は、「師範型」と呼ばれるようになります。学校改革の推進者には師範学校出身者が多かったのですが、「師範型」は批判的な意味で使用され、養成された教師に十分な資質が備わっていないことや、卑屈であること、また理解していないことを巧みに教えること、さらには体制に従順だということなどを指していました。

　上記の２つの立身出世のしかけは「師範型」とともに階級的ルサンチマン（怨恨、ひがみ）としての教師像を生み出していました。教師のなかには、「本当は何々になりたかったのに」というような本音を漏らす人がたくさんいました。「本当は医者になりたかったのに」とか「本当は音楽家になりたかったのに」などというように、できなかった自分をなだめるように言うのです。

　それは当時の学校制度の欠陥でした。「複線型」の学校体系のなかで、多くの師範学校卒業者たちに用意されていた進路は、同系列の上級学校で官立の高等師範学校、あるいは私立大学を中心にした高等師範科や、公私立の高等専門学校の一部だけだったのです。のちには、その閉塞性を打破するために、高等師範学校出身者の進学先として大学令にもとづく文理科大学が東京と広島に設

けられます。

　そのようなメリトクラシー社会であったため、高等師範学校出身の教師の多くは、自分を師範学校出身の教師より格上だという優越感をもっていました。私立大学の高等師範科等の出身者たちは、その中間にあるような意識をもっていました。その一方で、高等師範学校出身者たちは、旧制官立高等専門学校や旧制高等学校出身者たちに対して構造的に劣等感をもっていたのです。

第2節　貧民小学校を作った師範学校出身者

　皆さんは、第1節を読んで、師範学校出身者に対してかなり否定的なイメージをもったかもしれません。しかし師範学校出身者のなかには、教職を自分の生きる道と考え、メリトクラシーのしくみに乗らずに学校教育改革を担っていた人がいたことも、知っていただきたいと思います。添田知道の書いた『小説 教育者』はその代表的な人物である坂本龍之輔の自己形成を描いた作品です。

　坂本は、明治維新から20年ほど経った時期に、神奈川県師範学校を卒業して辺地の小学校で訓導（現在の教諭に相当）になり、次第に貧しい家庭の子どもの教育に目覚めていきます。のちに1903年に東京の下谷区に創設された細民（極度の貧民）の子どものための万年小学校の初代校長として粉骨砕身、学校を作り上げていきます。

　坂本は、教職に出会い仕事に取り組むことで、着任した貧民小学校に魂を吹き込む人間に成長していきます。1870（明治3）年に当時神奈川県下であった西秋留村（にしあきるむら）（現在の東京都あきる野市）に生まれました。虚弱体質であった彼は神奈川県師範学校に入学して4年間鍛えられ、教師という職業に目覚めたのです。1891（明治24）年11月に卒業して、その年の12月に古里村（こりむら）小丹波（こたば）の習文学校に着任します。

　同校は1876（明治9）年創立で、観音堂の中に教室が設けられていたのですが、着任した時の教室は仕切りの襖は破れ、障子は骨も折れているようなところで、就学率は60％に達していませんでした。坂本の仕事は生徒に教場の掃除をさせることから始まっています。前任の校長が当たり前のように受けていた

各家庭からの饗応や心付け（現金）などを一切謝絶します。謝礼を受けることによって、貧しい家庭の子どもたちの心に劣等感が生まれることのないようにという配慮でした。同校ではバイオリンを教える新しい教育も行い、通学道路開通の土木工事を児童とともに行ったりもしました。

　江戸時代の社会構造がなお存続している僻村で、富裕な階層に富が集中していく様子も緻密に叙述されています。貧富の格差が社会構造によって固定され、人々が身動きできません。貧しい者が豊かになる見通しをもてない社会がどのような社会かが、坂本の村社会での取り組みを通して描かれています。

　坂本は、高座郡渋谷村、そして三多摩移管で東京府に編入された南多摩郡南村などの貧困地の小学校にも勤務します。渋谷村では小学校高等科設置をめぐる自由派と開進派の政争の紛糾で学校を去りました。南村では、赤痢が流行した際には学校衛生に取り組み、社会構造の変化によって経済力が衰退しつつある事態に対しては、桑畑農業の改善や家畜飼育の奨励をしています。それとともに村に予算を捻出させて校舎の増築も実現します。

　坂本は、「官位官等の外にある国家官吏」を自任していました。つまり、通常の国家公務員の序列にとらわれずに活動できる立場にある、という意味です。第1節で述べたメリトクラシーの外に自分をおいたのです。

　続いて転じたのは東京市下谷区の練堀小学校でした。名家の子どもが集まり、一部の家庭が衣服の華美を競うため、貧しい家庭の子どもは気後れして卒業式にも出席できないほどのありさまでした。坂本は儀式の日の衣服を質素に改めさせ、同校の不活発低学力を改革するため運動会や博物館見学を実施、理科実験導入、随意科の時間外英語開設（第8章第4節参照）等々を行います。

　坂本に一貫していたのは、生活程度によって子どもたちの間に貴賤の別ありと考えさせないようにすることでした。坂本は日本の底辺社会に生きる子どもたちの教育に関わろうと考えるようになります。当時、東京高等師範学校附属小学校には、貧民部とまでいわれたコースである第三部がありました。教師は児童の身のまわりの世話までしたといいます。東京市の教育担当部署が、そこに転勤した坂本の底辺社会の教育への使命感と、そのような意欲的な実践の取り組みに目を付けました。東京市の貧民教育創出に不可欠な人材だと判断したのです。

第2節　貧民小学校を作った師範学校出身者

下谷区の万年尋常小学校は、1903（明治36）年に区ではなく東京市が直接経費を負担する直轄学校として開校しました。坂本は東京市役所の職員に漂う貧民放任的雰囲気を嗅ぎ取り、創立前から浴場付設を提案しています。創立当初、児童の服は襟も垢光りし袖口は鼻汁でこわばり、襟にはビーズ細工のようにシラミの卵がついていました。教師はかさぶたのようになった耳垢をとり衣服から全身のシラミをとってやりました。戸籍に記載のない子どもさえいました。坂本は使用する修身教科書の冒頭が「親孝行」であることを知って困惑します。戸籍さえ作られず、親が親らしく臨んでいないため、教育上逆効果だと感じたのです。

　坂本の生き方は「師範型」とは異なるものです。坂本は機会があって東京高等師範学校附属小学校の教師となりましたが、メリトクラシーには乗らず、万年尋常小学校の校長という、誰にも評価されないかもしれない道に転じたのです。坂本はそこに自分の生きる道を見出しました。

　小説は、明治末までを描いた第4巻（1947年発行）で筆が折られています。作品の基調が、国家のため天皇のために尽くす教員の姿であるため、国民主権への転換のなかで書けなくなったとみられています。大正新教育時代の坂本と万年小学校の展開を知ることができないのが残念です。

第3節　メリトクラシー構造を改革する

　現在の教員養成制度は、戦後、1947年に制定施行された学校教育法の枠組みの中にあります。複線型の学校体系を単線型に変え、教員養成は大学で行う開放制という制度に移行しました。

　開放制とは、教員養成を目的とする大学だけでなく一般の大学で学んでも教員免許取得が可能な制度です。ただ、初等教員免許は旧師範学校を大学化して生まれた地方国立大学とごく少数の私学に抑えられていて、21世紀になって、ようやく何校もの私立大学に初等教育養成課程が設けられました。

　開放制が導入されてから免許を取得した先生たちが学校現場で中堅を占めるようになったのは1960年代です。しかし残念なことに、終戦直後と高度経済成長期の教員志望者不足から、教員の資質能力の不十分な人たちが教員として多

数雇われることになりました。のちの文相永井道夫は、これを評して「デモシカ教師」という言葉を流行らせました。教師に「でも」なるか、教師に「しか」なれない、という時代でした。中高教員の志望が高倍率の現代では考えられない話です。

　改革の中でもう1つ見落とせないのは、初等教員と中等教員の格差の是正です。敗戦の前の1943年に、すでに中等教育機関であった師範学校を、高等師範学校と同格の高等教育機関に昇格させる大改革が行われていました。それが、1947年に始まる学校教育法体制下では一歩進んで大学に転換されたのです。

　終戦直後に旧来の教育制度を払拭するために作られた「教育刷新委員会」は師範教育を廃止に導き、大学における教員養成、一般大学における開放制の原則を生み出しました。審議の最初の段階では、教員のあり方の理念に関わる次のような議論がなされていて、現在教員になろうかと迷っている読者の皆さんにも示唆するところがあります。海後宗臣編の『戦後日本の教育改革』の第8巻「教員養成」(1971年、32〜38頁)からいくつかの意見を拾ってみます(寺崎昌男執筆部分)。

　　「私は師範教育で一番いけないと思いますのは、この学校の先生になるにはこの程度の教育をすればいいのだ、ここまで教育すればいいのだという風に、一つの型にはまった教育をしているということであります。」

　　「そういう特別な〔教員養成〕学校を作ると、そこに集まるのは三流、四流の者であって、決して一流、二流の学生は、そういう機関には集まって来ないのが現実だと思います。」

　　「物は知りたいのでありますが、師範学校へ入った悲しさで、専門学校程度の教育しか受けられないのであります。もっと勉強してもう少し高い教養を身に付けたいと思いましても、これを受け容れて呉れる大学がありませぬ。」

　　「義務教育に関係するような人間を比較的多く出す。こういうような方向をとって、しかし従来の師範型に全くとらわれない。そういう、或る意味で、非常に自由な大学が相当多く要る。」

　　「いわゆる師範型といったようなものは、実は教師型のようなものではないだろうか。教師というものを長くやっておると、何だかやはり或るにおいがしみてしまうのではないだろうか。〔略〕それは、従来の師範学校の画一性と孤立性

から多分出て来たものではないかと思うのであります。」

NHKのテレビ番組「ファミリー・ヒストリー」が取り上げたアルフィーのギタリスト高見沢俊彦氏の父の人生（2021年2月22日放送）は、そうした旧制度の袋小路から抜け出していく立身出世の成功者そのものでした。東京の山奥の村で不遇の生活を送っていた父は、東京の青山師範学校（現・東京学芸大学の母体の1つ）に入学して貧しいなかで寄宿舎生活をし、卒業して小学校の教師となりました。戦時中も品川区の小山小学校で教師をしながら、夜間の立正大学の高等師範科で当時の中学校の教員免許を取り、戦後は新制中学校を選ばず、新制都立高等学校の国語の教師となったというのです。

初等教員から中等教員へという上昇の道は、明治初期の秋山好古の上昇ルートと同じ形なのです。現在でも、公立の中学校と高等学校の教員の給料には格差が目立ちます。その意味では、高等学校の教員となることは、よりよい道、キャリアを得たいという個々人のきわめて人間的な欲求「立身出世」という水路づけの1つなのです。

ただ、みなさんがこれから入っていくかもしれない教育界は、別世界になりつつあることに注意してください。終戦後の学制改革で、学歴格差を生み出す学校種をなくす制度設計を取り入れてあったからです。しかも、今日では「大学」という名の学校は700を超えています。大学の卒業証書には国立、公立、私立の格差がありません。個々人の上昇意欲とプライドは、学歴よりも卒業後の自身の職務上の実績によって達成されるしくみです。指導主事や管理職への登用は、職務の実績や昇進試験によって行われています。教員の世界は、学歴型から資格型社会へと構造転換しつつあるのです。メリトクラシーではあっても、より実質性をもった仕事上の実績で評価されるということです。

（冒頭・第2節：所澤　潤、第1節：浅沼　茂、第3節：浅沼・所澤）

【さらに学びたい人のために】

添田知道（1942-47）．小説教育者　全4巻、玉川大学出版部（1978復刊）：第2節で紹介した作品です。本書は玉川学園創設者の小原國芳が激賞していたことから玉川大学出版部が復刊したものです。

　　　　　　　　　　コラム２：同窓会とクラス会

　写真を見てください。この写真は、2019年に池袋のサンシャインシティのレストランの入り口に掲げられていたその日の会合です。私が、中学校のクラス会に出席した日の会場の掲示でした。上から順に、都立高校、国立大附属中学校、市立小学校のクラス会の名称が掲げられています。「朝一小」は埼玉県朝霞市の市立小学校のクラス会だそうです。

　東京は、小学校のクラス会活動の熱心な地域で、頻繁に開かれています。朝霞市も同様だそうです。2018年２月、東京の23区内のある区立小学校の学校公開の時、20代の女性が担任する６年生の学級で、「６－２再会を誓う」という見出しの記事が載った学級新聞が配布されました。将来クラス会で何をするか、というアンケートを集約した内容でした。

　２泊３日の温泉旅行に行き、１日目は温泉でまったり、２日目は近くの飲み屋で飲み会、３日目は担任の先生の家に寄って遊ぶ、そして解散。最後の、先生の家に寄って遊ぶ、というところに児童の気持ちがよく現れています。

　小学校の先生と卒業生のつながりは、都道府県によって濃淡があるようです。東京では小学校６年の学級担任に特別のステータスがあって、卒業生は就職の報告をしたり、結婚披露宴に招待して祝辞をもらったりすることがよくあります。東京の先生のなかには、そういうことがなければ小学校教員をする甲斐がないと語る方もいます。

　同窓会という名称を聞いたことのある人は多いと思いますが、クラス会とは別で、もっと組織的なものです。高等学校の同窓会は印象に残っている方も多いでしょうが、東京では、終戦前に創立された小学校の多くに、学校の卒業生全体を束ねる同窓会が別に設けられています。1890年頃に東京府の校長会で決めたためで、それが現在に至るまで継承されているのです。

　その活動の程度はまちまちで、会長がいても会員名簿のないない小学校もあれば、２万人以上の登録会員を持ち、毎年そのうち１万人程度が年会費1000円を納めている小学校もあるようです。組織がしっかりしていれば、卒業生に同窓会報が郵送されています。運営にはさまざまな工夫があって、ある小学校は、10年ごとの周年記念行事に際して忽然と同窓会が立ち現れ、終了すると収入を全額使い切って解散するのだそうです。

　　　　　　　　　　　　　　　　　　　　　（所澤　潤）

Chapter 3

生徒と向きあう

　教員は、AIがあっても将来なくならない仕事といわれている職業の１つです。先生になるには教員免許が必要です。そして、採用されれば先生の仕事に就くことができます。そこから教員人生が始まります。教科の授業だけやっていればいいわけではありません。いそがしさは世界一⁉　でも"先生"は面白い！のです（鹿嶋, 2017）。たとえば、１か月前の何もなかった日のことは思い出せませんが、数年前のことでも楽しかったことはずっと忘れずに覚えていますよね。このような記憶をエピソード記憶といいますが、先生のお仕事を続けていくと、このエピソード記憶がどんどんたまっていきます。卒業後、何十年ぶりかに開かれる同窓会での話題もまた、エピソード記憶によるものです。

　この章では、先生の仕事に興味を抱いたみなさんにバトンをつなげたいとの願いを込めて、私がくじけそうになりながらも、少しずつ先生の階段を昇っていった時の出来事とその時の心の内を綴ることにします。

キーワード：成長、学級崩壊、生徒同士をつなげる、構成的グループエンカウンター

第１節　生徒と向きあい自分に問う

1. 生徒もまたわが子のごとく

　ことの発端は、「アンモニアの噴水の実験、終わっちゃったんだって」という長男の一言でした。彼は中学１年で行うこの実験を楽しみにしていたのですが、熱を出して休んでしまったため、その実験ができなかったのです。

　当時中学校の理科教員だった私は、これまで実験や観察ができなかった生徒のことをまったく考えていなかったことに気づきました。休んだ生徒への授業の板書や配布資料については、同じ班の生徒たちが準備して届けるという体制を整えていたので、私としては万全を期していると思い込んでいたのです。しかし、学校で行う実験や観察は、その時体験できないと、一生体験しないまま

になるわけです。これは、私にとって実に衝撃的な出来事でした。

　そのことになぜ気づけなかったのか、というショックと、やらないままにしてきてしまった生徒たちへの申し訳なさでいっぱいになりました。今からでもできることは何かを考え、思いついたのが補充実験（観察を含む）です。補充実験とは、欠席や部活の試合等で実験ができなかった生徒に対し、放課後の時間帯に理科室を開放して行う実験のことです。期間は１週間。理科室使用の条件は２つ。事前に実験や観察の予想と方法をノートに書いてくることと、安全を期するためその実験や観察の経験者と一緒に行うことです。

　補充実験をスタートした当初は、欠席等で実験ができなかった生徒にかぎっていたのですが、「納得がいかないのでもう１回データを取りたい」とか「うまくいかなかったのでもう１回実験をやり直したい」という生徒も出てきたので、参加対象者を広げることにしました。このような需要があるのはとても嬉しいことでした。１年生の理科は週３時間あり、そのうち実験は１、２回行っていました。その補充実験となると、同時に複数の種類の実験や観察の準備があるので多忙感はありました。しかし、ありがたいことに、器具の出し入れから、実験終了時のチェックに至るまで、手伝ってくれる自称「お助け隊」が有志により結成されました。

　たしかに、補充実験を始めるきっかけは「アンモニアの噴水の実験、終わっちゃったんだって」という長男の一言でした。この一件以来、あらゆる場面において「生徒もまたわが子のごとく」大切に向きあっていこうと心に誓いました。

２．気づいたことは変えられる

　「先生！　僕も実験やりたいんだけどやっぱ無理だよね。もう、（補充実験は）終わっちゃったよね」と１人の生徒から言われました。彼のやりたかった実験のセットはすでに片づけられていました。「Ａ君、ごめんね。実験セット、片づけちゃったから」と答えました。「いいよ、いいよ、遅れたのは僕だから、先生は悪くない」と言って、階段を下りていきました。と次の瞬間、まるで私を試すかのように、彼と同じことを言ってくる生徒がいました。私はこの生徒

第１節　生徒と向きあい自分に問う　　31

に対し、A君に言ったことと同じことが言えませんでした。「B君、ちょっと待っていて」と、その生徒に告げ、A君を追いかけ「やっぱり、補充実験やろう！」と伝えました。A君は満面の笑みを浮かべ「え～、いいの、やったぁ～、先生ありがとう」と屈託なく喜びました。

　2人の共通点は、実験の日に休んでいたことと同じバスケット部だったことです。彼らは、週末の公式戦のため放課後の部活練習を休むことができず、補充実験期間中に実験に来ることができなかったのです。2人の相違点は、授業態度や課題に向かう姿勢の違いにありました。A君はやる時とやらない時との差が激しく、課題を忘れてしまうこともしばしばありました。B君は、理科が得意で授業中の取り組みはもちろん、レポートの考察もなかなかのものでした。

　A君が来た時、私は何の迷いもなく補充実験の期間が過ぎているから「補充実験はやらない」と判断しました。ところが、その直後にB君が来た時、私は何の迷いもなく補充実験の期間は過ぎているけど「補充実験をやる」と判断しました。いずれも、何の迷いもなく、だったのです。ひいきは絶対にしないと心に決めていた私にとって、この出来事もまた衝撃的でした。

　生徒と向きあうということは、自分とも向きあうということです。もしも、先にB君が来ていたら、こうした落とし穴に気づくことはできなかった、と思うと恐ろしくなりました。気づいたことは変えられます。そしてこのくり返しこそが、人として教師としての**成長**につながることでしょう。

第2節　学級崩壊立て直しで成長する教師

　教育困難校とは、その名のとおり学校教育が困難になっている学校のことです。私が勤務した学校のなかで、ひと学年だけ教育困難の学校がありました。その学年がなぜ教育困難になってしまったのか原因はいろいろですが、彼らが小学校時代に**学級崩壊**を経験していることが要因の1つであることは明らかでした。入学式でも来賓に対してヤジを飛ばすありさまだったそうです。その学年が2年に進級した時、私は異動によりこの学年の配属になりました。この時の指導困難な生徒との出会いが、私にとってさまざまな葛藤と模索の機会とな

りました。そして、何度となく挫折と立ち直りをくり返しながら、教師として成長していくことも実感できました。

1．気になるところ以外にも目を向ける

　始業式の日、体育館に整然と並び、式に臨む生徒の姿を見てホッとしたものの、教室に戻ると彼らが豹変したのです。はじめて出会った生徒たちは、「誰だよ」「ウゼ～」「帰れよ」など私に暴言を吐き続けました。自己紹介をしても誰も聞いてはいません。しかし、生徒と向きあい、語りかけていけば、わかりあえないはずはありません。「彼らはまだ私のことを知らないだけ」とひたすら自分に言い聞かせました。私がどんなに生徒が好きで、これまでどんな生徒も最後まで見捨てずに、とことん向きあってきたかなんて、誰も知らないのです。しかし、人間不信、学校不信、教師不信に陥っている生徒たちの閉ざされた心の扉は固く、なかなか開くことができません。強そうな男の先生の言うことは聞きますが、私の言うことはまったく聞いてくれません。これまで何度となく学級崩壊を立て直してきた私の経験も、まったく役に立たなかったのです。生徒同士の関係もきわめて希薄に見えました。同じ「荒れる」でも今までとは何かが違っていたのです。

　給食も喉を通りませんでした。今までは、生徒との給食を楽しんでいた私ですが生徒と一緒に食事をとることができなくなりました。それでも、前任校でしてきたように、日替わりで各班を回りながら、なんとか生徒と一緒に給食を食べるよう心がけました。すると１人の生徒が「先生、小食？」と尋ねてきました。なんと、私に話しかける生徒がいたのです。クラスの生徒みんなが私を無視しているわけでも、話を聞いていないわけでもなかったのです。私の話を聞いている生徒も、話したいと思っている生徒も、実はたくさんいたのです。

　人の脳は、気になるところ（暴言を吐いたり無視したりする生徒）ばかりに目がいき、それ以外のところ（普通に話ができる生徒）が見えなくなる癖があります。そのことも知っていたのに、負のスパイラルに囚われた私は、まったく気づけなくなっていたのです。気になるところ以外にも目を向け、全体を俯瞰して見るメタ認知能力を身につけることの大切さをあらためて実感しました。

第2節　学級崩壊立て直しで成長する教師

2．不信感だらけの生徒と向きあう

　普通に会話ができる生徒がいることがわかった、あとは少しずつ、生徒とつながりながら、生徒同士をつなげることをしていけばいいわけです。

　人間不信、学校不信、教師不信に陥っている生徒でも、親の言葉なら受け止めることはできると信じ、5月中旬にある2泊3日の移動教室で、**構成的グループエンカウンター**の手法を用いて「親からの手紙」を行うことにしました。生徒には内緒で親に手紙を書いてもらい、2日目の夜、担任から生徒に渡し、内観につなげることにしました。内観とは、もともとある仏教宗派の修身法のひとつとして使われていましたが、宗教色を取りのぞき、形をかえて広く使われるようになった心理療法です。人間関係を解決する目的や鑑別所や少年院などの矯正教育としても実施されています。具体的には、自分が小さかった頃、「親からしてもらったこと」「して返したこと（自分が親にしてあげたこと）」「迷惑をかけたこと」の3つについて思い返す作業です。これら3つの思い出は、いずれも親への感謝に結びついていきます。そうした感情をクローズアップしていくことで、心の根っこの部分にある感謝する心が研ぎ澄まされていくのです。

　移動教室2日目の夜、親からの手紙を読んだ生徒たちの感情はゆさぶられ、ポロポロと涙を流す生徒もいました。攻撃的で不信感の塊のような生徒ではなく、親の愛情につつまれた穏やかで安心しきった子どもの姿に戻っていました。生徒同士、いつの間にかお互いの手紙を見せあっては、思い思いの話をし始めました。そして、この体験を通して、感じたことや気づいたことを、一番話したい人と2人組になって、語りあってもらいました。その後、クラスで1つの円になって座り、話せる人から自由に、「今ここで」の気持ちを語ってもらいました。「帰ったらただいまじゃなくて、ありがとうって言おうと思う」「これまでたくさん迷惑や心配をかけたから、これからは手伝いもしようと思う」など心の内を話してくれました。また、手紙の入っていた封筒にこの日の日付を書き込み、自分の宝物にすると大切そうにファイルにしまう生徒もいました。私はほっと胸をなでおろしました。生徒が仲間同士で感情交流をしたはじめての体験です。帰りのバスのなか、子どもたちが変わっていくような手応えを感じました。学校に戻ると、またいつものにぎやかな生活に戻りました。しかし、

そこにはあきらかに以前とは違う空気、生徒の表情がありました。

　それ以降、学活の時間に少しずつ構成的グループエンカウンターを取り入れることにしました。構成的グループエンカウンター（以下、エンカウンター）とは集団学習体験を通して、自己発見による行動の変容と人間的な自己成長をねらい、本音と本音の交流や感情交流ができる親密な人間関係づくりを援助するための手法です。何せ不信感だらけの生徒たちです。はじめからうまくはいきません。しかし、あの体験をした生徒たちです。「彼らならできるもう大丈夫、何があっても」と思えるようになりました。

3．本音を語れる仲間の存在

　ここからは、この荒れた学年の生徒たちと向きあい続けた学年団の先生方が、本音を語れるようになるまでの心の内を紹介します。この学年を担当した同僚は13人、ベテランぞろいでした。多くの先生方が前任校で何かしらの主任を務め、活躍してきた方々です。私自身、こんなことで弱音を吐いたら「使えない人」「できない人」と思われるのではないかと内心びくびくしていました。だから誰にも言えなかったのです。ところが、ある日、隣の席の先生がぼそっと私に話しかけてきました。「昨日から何度ももどしそうになりトイレに駆け込んで、今朝も学校に来るのが辛かった」と。私も同じことが何度かあったことを伝えると、前の席に座っていた先生も、「実は……」と話し始めたのです。その時、やっとわかったのです。「私だけじゃなかったんだ、苦しいのは」と。学年のベテランの先生方も試行錯誤をくり返しながらも、なかなかうまくいかない状況に苦しんでいたということが。

　このようなやりとりがあって間もなくだったと思います。学年主任に「クラスで何か特別なことしている？」と聞かれたのはクラスの空気、生徒たちの表情が変わってきたと言うのです。今までとげとげイライラしていた生徒たちが、柔らかくなったと。当時は、エンカウンターの認知度も低かったので、学年主任のいう特別なこととは、きっとエンカウンターのことだと思いました。エンカウンターについて、あらためて説明すると、まずは自分たちで体験してみようということになりました。

部活指導を終え日が暮れてから、学年のメンバー13人でエンカウンターをするのです。これは私たちにとってもいい経験になりました。誰もが学級崩壊と向きあうストレス、早く立て直さなければという焦りをひとりで抱え込んでいたのですから。自己開示するのにエンカウンターはうってつけだったのです。こうして何度となくエンカウンターを行ううちに、私たちは互いに本音を語れるようになりました。

4．仲間と一緒に生徒と向きあう

この学校の朝の職員打ち合わせは、8時20分からの5分間。その後、学年の打ち合わせを5分程度行ってから教室に行き、8時35分に生徒の出席をとることになっていました。私の学年は、いろいろと課題も多く、学年の打ち合わせが長引き、出席をとるのが遅れることもたびたびありました。

そこで、朝、少しでも早く教室に行けるように、との学年主任の考えもあり、私たちの学年だけ、全体での打ち合わせの前の8時10分から学年の打ち合わせを始めることにしました。また、学年会では「これ以上悪くはならない」を合言葉に、目の前の生徒に必要なことは何かをみんなで考え、「生徒のためにできることは何でもやってみる」ことにしました。この時の取り組みは、『公立学校の挑戦 中学校——人間関係づくりで学力向上を実現する——』（河村・粕谷, 2007）という本でも紹介されています。

学年の打ち合わせでは、何がおかしくて笑っていたのか、今となっては思い出せないのですが、先生たちは朝からいつも大声で笑っていました。きっと、学年主任がそういう雰囲気をつくってくれていたのだと思います。辛くなればなるほど、涙が出そうになればなるほど、大きな声で笑っていました。

学級崩壊を立て直す時、一筋縄ではいかない生徒と向きあう時、そこには決まって仲間がいました。私の尊敬する自慢の仲間たちです。苦楽をともにしたからこそ、人生で忘れられないかけがえのない仲間と出会えたのだと思います。仲間と一緒に生徒と向きあったからこそ、同僚性が高まり、教師としても成長できたのだと思います。

┃ 第3節 ┃ 生徒と共に成長する教師

1．11月11日11時という節

　1学期も後半にさしかかった頃、ある区の中学校教育相談部から1本の電話
が入りました。私が前任校でエンカウンターを実践していたことを聞きつけ、
実際の授業の様子を見学させてほしいとのことでした。正直、困りました。前
任校はとても落ち着いていて、学年団の教員全員がエンカウンターの実践者で
した。しかし、今はよりによって学校のなかで一番荒れている学年です。しか
も、やっと、エンカウンターを始めたばかりです。4月よりは少しはましにな
ったものの、とても教育相談部の先生方に見ていただける状態ではありません。
教頭先生に相談したところ、「いつまでに立て直せますか？」とまるで他人事
のようにおっしゃるのです。いつまでなんて約束できるわけもありません。戸
惑っている私に「いつまでと決めることで、きっと変化は起こると思います
よ」の一言。この言葉にハッとさせられました。学年主任に相談したところ、
「せっかくだから、先生のクラスだけじゃなくて、2年生全部のクラスでやり
たいよね！」という言葉が返ってきました。さすが学年主任。スケールの大き
さがちがいます。

　夏休み期間中に策を練り、準備を進めることとして、視察の日程をいつにす
るか、学年会で話しあいました。「11月11日11時からにしよう」「いいね！　1
はスタートの数字、たくさん並んでいていいね」と、満場一致で決まりました。
遊び心満載です。誰もがやる気で満ち溢れていました。そして、なぜ先生たち
がこの日を視察日に決めたのか、その理由を生徒たちにも考えてもらいました。
「1が並んでいていいことがありそうだから」「何か記念日になるから」などい
ろいろな意見が出ました。そうです。生徒も先生たちもわかっていたのです。
変われそうな予感。この日が私たちにとって忘れられない記念日になることを。

　2学期、どのクラスも順調にエンカウンターの成果が現れてきました。この
学年の生徒にとって、荒れていること以外の理由で外部の人が視察に来ること
ははじめての体験でした。恥ずかしくもあり、誇らしくもある様子でした。も
ちろん、視察当日はありのままの姿を見ていただきました。その頃には、楽し

いことも辛いことも本音が言え、互いに認めあい高めあえるあたたかいクラスになっていました。

2．生徒の気持ちに寄り添う

　話は前後しますが、9月末に行われた運動会。学年種目は38人39脚。この競技は、クラス全員（38人）が横一列に並び、二人三脚のように隣りあうもの同士の足をマジックテープつきのハチマキで固定します。そして、ここがおもしろいところなのですが、この競技には先生も参加します。右に男子が1列、左に女子が1列、そのジョイント部分に担任が入ります。生徒と一緒に、来る日も来る日も朝練をしました。ちなみに、私の右側にいる生徒は、私に反発し続けてきた生徒でした。しかし、なぜだか嫌がる風でもなく、私と肩を組み真剣そのものでした。

　感動の瞬間は予期せぬ時に訪れるものです。本番2日前の予行演習。一斉にスタートを切り、なんと倒れ込むように1位でゴール。その瞬間、あの反発していた生徒が私の顔をのぞき込みながら言ったのです。「先生、嬉しい？　ねぇ嬉しい？　嬉しい？」「もちろん、嬉しい！」そう言いながら涙があふれてきました。1位でゴールしたからではありません。その生徒が私を喜ばそうとしてくれたことが、生徒たちと感動を共有できたことが、嬉しかったのです。この学年種目も学年主任の発案でした。さすがとしか言いようがありません。

　当初、荒れた学年を担当した私たち教師は、自分たちが被害者だと思っていました。しかし、教師が被害者意識をもってはいけないのです。被害者意識があると、生徒の気持ちに寄り添えなくなります。本当の被害者は、小学4年生で学級崩壊を経験して以降、不信感に陥り、誰を信じていいのかわからず、もがき苦しんでいた生徒たちだったのです。そして、その苦しみを乗り越え、成長したのもまた生徒自身の力です。私たち教師は、そのきっかけをつくったにすぎないのです。

（鹿嶋　真弓）

【さらに学びたい人のために】

河村茂雄（2006）．変化に直面した教師たち──千人が中途退職する東京の教師の現状と本音──　誠信書房：東京都の学校改革の実態と試行錯誤している先生方の実態、大きな変化のなかで、教師という生き方を通して自分の人生を充実させようとしている、先生方の心のライフラインを紹介しています。

河村茂雄・粕谷貴志（2007）．公立学校の挑戦 中学校──人間関係づくりで学力向上を実現する──　図書文化："あたりまえ"がむずかしい！ふつうの学校において成果を上げた教育実践と組織づくりの秘訣について紹介しています。

鹿嶋真弓（2017）．教師という生き方　イースト・プレス：生徒との関わり方、授業の工夫、同僚とのつきあい、保護者対応、さまざまな校内トラブルなど、教育現場が複雑・多様化するなかで、変わらない教師の資質、醍醐味とは何かについて、実体験をもとに紹介しています。

［映画］フリーダム・ライターズ（2007）．：アメリカでの実話をもとにした映画。公立高校に赴任した新人英語教師・エリン・グルーウェルは、荒れ放題のクラスを受け持ち、日記を通して生徒たちと向きあい、生徒たちもしだいにエリンに心を開いていき、悲観的だった将来を改めていくまでの実話。

Chapter 4

学級を育てる

これまでの学校生活をふり返ってみて、みなさんはどのような学級が記憶に残っていますか。どのような仲間や先生と出会い、どのようなことを語りあいどのように過ごしていましたか？ きっと、思い出に残るエピソードは、誰にでもあるでしょう。そしてそのなかには、自分の進路や生き方に影響を与えた人との出会いや出来事もあったのではないでしょうか。その思い出は、みなさんが生徒として過ごしたなかで感じたことですが、この章では、教師の視点から眺めてみたいと思います。あの時のあの先生の言葉や行動にはそんな思いがあったのか、とか、特に気にも留めていなかったけれど、あの日常の裏にはこんなにも多くの準備がなされていたのかなどなど。教職科目を学ぶ際のおもしろさは、このように視点を変えて考えてみるところにもあるのかもしれませんね。

キーワード：視点を変える、教育的愛情、生徒のホンネ、変化を起こす、ソリューションフォーカストアプローチ、問題の外在化、自我関与

第1節 教育的愛情をもつ

1．視点を変える

　長年教師をしていると、荒れている学級を担当することもあります。その学級の生徒たちは、満たされない何かを、荒れることで紛らわしているようにも見えました。もちろん、その荒れを何とか鎮めようと、力ずくで押さえつけようなどと考えるのはもってのほかです。そのようなことをしたら、鎮まるどころか、かえって反発は強まり、状況はますます悪化するばかりです。

　視点を変えると、荒れるということは、それだけたくさんのエネルギーがあるということです。そのエネルギーの使い道を少し変えるだけで、逆にとてもいいクラスになるのです。きっと、荒れている学級を立て直す醍醐味は、そこにあるのだと思います。私たち教師にできることは、生徒の有り余るエネルギーを、自分や人を傷つけることに使うのではなく、自分の可能性を見出し、自分

の幸せや人の幸せ人の役に立つことに使えるよう、お膳立てすることです。そのためにも、まずはその生徒のことを知ることから始めましょう。

　生徒のことを知るためには、その生徒をひとりの人間としてよく観ることです。「見る」ではなく「観る」です。「見る」と「観る」の違いは、自分の意識にあります。視界に入ってくるものをただ何気なく見るのではなく、ある意図をもって目を向けて観るのです。

2．活躍の場をつくる

　中国の唐の時代の文人、韓愈の『雑説』に「千里の馬は常に有れども伯楽は常には有らず」という言葉があります。これは、有能な人材はいつの世にもいるが、その能力を見いだして育てる優れた指導者は少ないということのたとえです。いかに才能のある生徒でも、その人の素養を見抜いて育ててくれる先生と出会えることで、その生徒は力を発揮することができるのです。

　教育は未来を創る仕事です。生徒の素養を見抜くために私たちにできること、それが生徒をよく観ることです。**教育的愛情**をもち、生徒のできていないことや困った行動に焦点を当てるのではなく、視点を変え、生徒の好きなことや得意なこと、すでにできていることやできるようになった瞬間を見逃さないことです。そして、生徒一人ひとりの好きなことや得意なことを活かす機会、活躍の場をつくることで、生徒は自然とそこにエネルギーを注ぐようになります。きっと、みなさんも、自分の好きなことや得意なことで、学級に貢献してきたのではないでしょうか。

3．生徒の目線

　私が教員3年目のころ、年に1度、区内の中学校合同での展示発表会がありました。生徒の作品を区のホールに搬入し1週間程度展示します。搬入の際はお手伝いの生徒を連れて行きます。学級の代表や美術部の生徒で気の利く生徒、先生に言われなくても次から次へと動ける生徒に手伝ってもらうのが一般的ですが、私の学校はその逆でした。学校にいると手のかかる生徒、授業妨害をしたり、教室を抜け出したりする生徒たちがお手伝いの候補者となります。

第1節　教育的愛情をもつ　　*41*

（1）役割が生徒を育てる

　役割には、責任と権限（この活動では権利の方がわかりやすいでしょう）があります。この活動の場合、搬入のお手伝いという役割における責任とは、限られた時間のなかで限られたスペースに、先生と一緒に作品を見栄えよく展示すること。権利とは、授業免除と1人600円の食券がもらえることです。

　搬入当日、先ほどの条件を満たす5人の生徒たちは、なぜ自分たちが選ばれたのか知ることもなく、朝からウキウキしていました。ホールに着くと、驚くことにどの学校の生徒たちよりも素早く準備に取りかかりました。その姿は実にけなげでした。少しでも役に立とうと、彼らなりに一生懸命だったのでしょう。ここに来るまでは、彼らにお手伝いが務まるか、正直不安でした。しかし、不器用ながらも、次から次へと働く姿に、頼もしささえ感じました。役割を与えること、信じて任せることで、人は成長していくということを肌で感じました。

（2）生徒のホンネ

　ひと区切りついたところで、待ちに待ったランチタイムです。彼らは、授業では見せたことのない真剣な表情で、料理サンプルの並んだショーケースを見つめ、チキンライス（600円）にするかチキンステーキ（700円）にするかで迷っていました。「先生、食券ってひとりいくら？」「ひとり700円、食べたいものを選んでね」私は嘘をつきました。当時は、ステーキなどなかなか食べられない時代でした。この特別な日に、彼らがチキンステーキを選ばないはずがないと思ったのです。

　ところが予想に反し、彼らは全員、チキンライスを選びました。「本当にチキンライス？　チキンステーキじゃなくていいの？」と何度か聞き返しましたが、「チキンライスが食べたい！」「僕も、チキンライス！」と口々に言うのです。ほどなくして、テーブルにはチキンライス用のスプーンとサラダ用のフォークがセットされ、あとはチキンライスが来るのを待つばかりとなったその時です。隣のテーブルに座っていた他校の生徒が、チキンステーキをお箸で食べ始めたのです。「えっ!?　先生！　あり？」と、鳩が豆鉄砲を食ったような顔で聞くのです。彼らが何のことを言っているのか、すぐには理解できませんでし

た。「お箸で食べるの、あり？」と言われてやっとその真意を悟りました。「もちろん」と答えると、一斉に「うっそ〜、ありかよ〜」と言って、スプーンを握りしめました。

「本当はチキンステーキが食べたかった……」と、1人の生徒が語り始めたのです。フォークとナイフを使ってお肉を食べたことがない自分が、チキンステーキを注文して先生に恥をかかせてはいけないと思い、注文できなかった……。生徒の思いがけない言葉、普段の彼らからは想像もつかない生徒のホンネを聞きながら、目頭が熱くなりました。

その後、彼らはチキンライスをペロッと食べ念願のチキンステーキをご馳走すると、これまたお箸でペロッと食べ、午後の展示にとりかかりました。

（3）公教育でもできること

教員生活が3年目の私は、この一件で、生徒の目線で考えることの大切さを学びました。そして、学校に戻るとすぐに、校長先生と栄養士さんにお願いに行きました。

教材費の滞納があると給食の品数が減っていく学校でした。無理なことは重々承知です。しかし、お願いせずにはいられなかったのです。年に1度でもいいので、小さくてもいいので、給食の献立にチキンステーキを入れてほしい、チキンステーキを切るためのナイフも準備してほしい、ということを。そして数か月後、給食に変化が起きました。クリスマスメニューと卒業メニューの献立に、チキンステーキが加わりました。食器にはナイフも用意されました。

生徒たちは誰も知りません。もちろん、搬入のお手伝いをしてくれたあの5人の生徒たちも。なぜ、チキンステーキが献立に加わったのか、給食の食器にフォークのほか、ナイフが追加されたのかを。

▍第2節 膠着状態を脱出するための変化を起こす

PDCA（Plan：計画・Do：実践・Check：検証・Action：改善）サイクルにR（Research：実態調査）を加えたRPDCAサイクルを活用している学校も増えてきました。授業はもちろん、行事や生徒指導などについて日常的にRPDCAを活用します。

ここでは、その活用例として、夏休みの校内研修会での事例を紹介します。夏休みは、先生たちにとって、検証、改善、計画する上で絶好のチャンスです。校内研修会では、学校の課題、学年の課題、学級の課題、気になる生徒などについて、同僚と知恵を出しあいながら、新たな一手を探っていきます。

うまくいかない時はこれまでやったことのないことをする

　なんとしても解決したいこの学校の課題は、チャイム着席でした。教育現場で解決したい課題が、膠着状態になっていることが多々あります。膠着状態から脱出するためには、とにかく**変化を起こすこと**です。

　この学校では、全体的に落ち着かない状況が続き、チャイムが鳴っても教室に戻ってこない生徒に手を焼いていました。先生たちは対策を練り、チャイムと同時に授業が始められるよう早めに教室に行ったり、生徒会もチャイム着席点検を行ったりしましたが、思うようには改善されません。まさに、答えのない課題です。こうすれば必ず良くなるという特効薬はありません。そのような時は、「これまでやったことのないことを（なんでもいいから）試しにやって変化を起こす」というのが鉄則です。これはソリューションフォーカストアプローチ（以下、SFAとする）の中心哲学に基づくものです。SFAとは、心理療法の1つで、原因の追究をせず、未来の解決像を構築していく点に特徴があります。その結果、短期間で適切な変化が得られるとされています。

　（1）問題の外在化

　これまでは、チャイム着席できないのは、生徒がいけないので、その生徒をなんとかしようとしてきました。しかし、この研修会ではチャイム着席ができないのは生徒がいけないのではなく、チャイムがいけないのでは？と視点を変えて考えていくことにしました。このような方法を、**問題の外在化**といいます。生徒自身の問題として考えるのではなく、問題を生徒から切り離し、あえて生徒以外に設定することで、解決を試みる方法です。問題を生徒以外に設定することで、客観的にとらえやすくなり、必要以上に生徒を責めることがなくなります。

　その夏の校内研修会では、問題の外在化という発想から、これまでやったこ

とのない「チャイムを変える」ことを試しにやってみることになりました。

（2）自我関与で生徒が変わる

　しかし、先生方はチャイムを変えることを生徒には言いません。先生が解決策を言った段階で、生徒の主体性がなくなるからです。

　９月早々、まずは生徒会役員に「チャイム着席ができないのは、生徒がいけないのではなく、チャイムがいけないのではないかと思うが、みなさんはどう思いますか？」と問題提起しました。先生からのこの一言に、「チャイムがいけないのなら、どのようなチャイムだとみんながチャイム着席できるようになるだろう」と考え始めました。どのようなチャイムがあるのか自分たちで調べ、そのなかから５種類に絞り込みました。その５種類のチャイムを全校生徒が聞いて、投票することにしました。全員が投票するということは、生徒一人ひとりがチャイムを決めるために一票を投じるのですから、まさに**自我関与**です。自分の関わったことはまるで自分の分身のように大切にします。投票の結果、この学校では、休憩時間の10分間に流れる「カッコウの鳴き声」がチャイムになりました。

　その後、この学校はどうなったと思いますか。驚くことに、生徒たちは誰からも注意されることなく、誰もがみずからチャイム着席をしていました。この取り組みについては、「チャイムがベルからカッコウの鳴き声になり心が落ち着き好評」と地方新聞でも紹介されました。

　同様の悩みを抱えている学校が、ならばうちの学校も、とチャイムを変えましたが、残念ながらすべての学校がチャイム着席ができるようになったわけではありません。なぜだと思いますか？「チャイムがベルからカッコウの鳴き声に」なったからチャイム着席ができるようになったのではなく、ここに至るまでのプロセスこそが大切だったのです。どうしたらチャイム着席ができるようになるか、すべての生徒が自我関与し、自己決定したことに意味があったのです。

第3節 学校行事を活用する

　学校行事とは、全校または学年を単位として、学校生活に秩序と変化を与え、集団への所属感を深め、学校生活の充実と発展に資する体験的な活動を行うことです。そこでのさまざまな感動体験の場は、生徒の心を育て、自己の生き方についての考えを深め、自己実現を図ろうとする態度を育む機会になるとともに、よりよい人間関係を形成する上でも効果的な場となります。学級を育てる際、これを活用しない手はありません。

1．見えない絆で学級が育つ

　夏休みが明けて1か月もすると、運動会の練習が始まります。イベントとなると一気に盛り上がり、今までに見たことのない生徒の一面を知ることができます。この学校のクラス全員リレーでは、最後の半周を担任が走るのが恒例になっていました。学年5クラスの担任のうち、陸上部出身は男性教員2名と私の3名。生徒が一丸となって練った策は「10m差をつけて先生にバトンを渡す」でした。彼らの策に報いるためにも、ここはなんとしても1位をとりたいところです。

　運動会当日、彼らは約束通り、10m以上の差をつけて1位で私にバトンをつないでくれました。あとは精一杯走るだけ。後ろから迫る足音、それをかき消すような生徒の声援。その声援のおかげで最後まで抜かれず1位でゴール！　一丸となって練った策は、生徒たちの心をもつなげてくれました。

　「解散」という閉会式終了の合図。生徒たちは全速力で私の方へと走ってきました。と、次の瞬間、からだが宙に舞いました。胴上げです！　生まれてはじめての胴上げです。青い空へと吸い込まれるように1回、2回、3回……今でもその時の情景が目に浮かんできます。

　いつのタイミングで誰が言ったのかわかりませんが「優勝したら、先生を胴上げしよう！」と提案したのでしょう。その一言で、感情が共有され、胴上げという共同作業を、クラス全員で成し遂げたのです。見えない絆ができるとクラスに一体感が生まれます。生徒が変わっていく、クラスが変わっていく、ま

さに、教師冥利に尽きる瞬間です。このような感動を一度でも味わってしまったら、教師はやめられません。

2．先生の言葉

　運動会で優勝したクラスには校長先生から賞状が授与され、教室に飾られます。私はその賞状を飾る前に名刺サイズに縮小コピーし、その裏にすべて異なるメッセージを書いて生徒にプレゼントしていました。「あなたがこれから引くカードには、私からあなたへのメッセージが書かれています」と伝え、生徒たちは箱のなかのミニ賞状を、くじを引くように引いていきます。最初は半信半疑の生徒たちも、自分で引いたメッセージを読んで、驚きの声を上げます。「え～、なんで！」「どうして私がこれを引くのがわかったの？」と。それもそのはず、ここに書かれたメッセージ（たとえば、「うまくいかない時は自分を磨く」「努力は必ず報われる」「優しさとは人の憂いに寄りそうこと」など）は、日々私が生徒に話している言葉であり、生徒にとっては聞き慣れている言葉だからです。

　普段、教室で話している先生の言葉は、生徒全員に向けられた言葉ですが、自分で引き当てた瞬間、そのメッセージは自分だけに向けられた特別の意味をもつメッセージとなって生徒の心に届くのです。

▎第4節┊生徒からのサプライズは自律の証

　学級が育つと自治的集団、自己教育力のある集団へと成長します。

　ここでは、第4章第2節で紹介した生徒たちのその後について紹介します。

　この学年は、手強い学年だったということもあり、校内人事も2年時の担任が全員3年の担任として持ち上がることになりました。クラス替えを前に生徒たちは、思いがけない言葉を口にしました。「また先生のクラスになりたいけど、この6人の先生なら、どの先生が担任でもいいな」と。私たち6人にとって最高の褒め言葉です。あの人間不信、学校不信、教師不信に陥っていた生徒たちの閉ざされた心の扉がやっと開いたのです。彼らは私たち6人を担任として認めたのです。

6人の担任が、足並みをそろえるのは難しいことですが、せめて心のベクトルだけでも同じ方向に向いていることが大切です。なぜなら、ベクトルがバラバラだと、クラス替えの度に、生徒は担任に振り回されることになりますから。

1．ひとりではない、仲間がいる

　3年では、これまでの時間を取り戻すかのごとく、生徒たちは行事をはじめあらゆることに夢中になりました。特に印象に残っているのは運動会です。男子の組体操で取り組んだ4段タワーや女子の迫力のある南中ソーラン節です。今でも目を閉じるとその時の光景が浮かび生徒の声が聞こえてくるようです。

　また、エンカウンター（第3章第2節参照）では、受験を前に不安な気持ちや、イライラする気持ちを自己開示したり、何をやってもうまくいかない自分が嫌になったという友だちの話に耳を傾けたりしました。活動後のシェアリングでは、うまくいかないことや自己嫌悪に陥ることは、自分だけに起こっているわけではないことに気づいたり、どのように立ち直ったのかを語ったりする生徒もいました。

　ひとりではない、仲間がいることを実感できる時間となりました。

2．伝説の卒業式

　卒業式の予行にも気合が入りました。答辞は学年代表の男女2名。細かい内容については本番まで秘密でしたが、唯一、全員で練習したのが、答辞の最後の部分です。卒業生全員が、回れ右をして後ろの座席にいる保護者に向かい「僕たち私たちを育ててくれてありがとうございました」と3秒間『礼』をするところです。

　そして、迎えた卒業式当日。内緒で書いた親への手紙（第3章第2節2、2年生の移動教室で行った「親からの手紙」への返事）を受付で保護者に渡します。BGMが流れる会場で、保護者はその手紙を読みながら、ハンカチで目を覆っていました。

　答辞の内容はというと、中学校3年間の楽しかったこと、思い出に残っていることの他、先生たちに迷惑をかけたことについて、学年所属の先生一人ひと

りとのエピソードを交えながら、その時々の彼らの胸の内を語ってくれました。そして、答辞の最後の場面。

　予行通り、回れ右をして保護者に向かって感謝の言葉を述べたのち、突然、卒業生全員が教職員席の方に向きを変え「先生、主事さん、僕たち私たちを最後まで見捨てず、見守り、信じてくれてありがとうございました」と言って、「礼」をしたのです。礼は3秒のはず。ですが、3秒経っても、誰一人として頭を上げません。いつまで頭を下げているつもりなのか、「わかったから、頭を上げて」と心のなかで何度も何度もつぶやきました。彼らが姿勢を戻すまで時間にして1分、あるいはそれ以上に感じました。巣立ちゆく生徒たちは、目を潤ませながらも晴れやかな表情でこちらを見つめていました。

　伝説の卒業式。この学校ではこの学年のこの卒業式をそう呼ぶようになりました。生徒たちは、人を喜ばせること、サプライズが大好きです。こうしたサプライズもまた自律の証なのかもしれません。

（鹿嶋　真弓）

【さらに学びたい人のために】

[DVD] プロフェッショナル 仕事の流儀 中学教師 鹿嶋真弓の仕事 人の中で 人は育つ (2007). NHKエンタープライズ：いじめや学級崩壊のないクラスづくりを、学校ぐるみで進める一人の教師の実践ビデオ。(2007年4月3日放送)

田中輝美・鹿嶋真弓 (2014). 中学生の自律を育てる学級づくり　金子書房：中学校教師として奮闘した著者の事例と研究をふまえ、小学校や高校の担任教師も実践できる学級経営の理論と実践が紹介されています。

鹿嶋真弓 (2017). 教師という生き方　イースト・プレス：生徒との関わり方、授業の工夫、さまざまな校内トラブルなど、教育現場が複雑・多様化するなかで、変わらない教師の資質、醍醐味とは何か、実体験をもとに紹介されています。

Chapter 5

心を耕す

　教職を目指すみなさんは、これまでの学校生活のなかでいわゆる「良い先生」との出逢いが多かったのではないかと思います。みなさんそれぞれの趣向や好みにも関係してきますが、概して「良い」と思える先生には、それまで経験してきた人生の歩みそのものが関係していることが多いのです。実はその先生が経験してきたことが、クラス運営や生徒が感じる安心感や満足感などにも密接に関係しています。本章ではこうした目指すべき先生の人柄について「心を耕す」というキーワードをもとにお話ししていきます。

　キーワード：教材研究、単元学習、コミュニケーション、相互理解、葛藤

第1節　心を耕すとは

　心を耕すということは、一般的に未成熟であったり1つの考え方に固執してしまったりすることで固く閉ざされた心に向きあい、さまざまなアプローチによってその心を柔らかくし、新しい見方や発見ができるようにしていくことです。

　宗教の世界では、土に空気を入れることで土中の微生物を活性化させるといった「田を耕すこと」になぞらえて、己の心に新しい物事を取り入れ、活性化させることによってあらたな道が開けるといった意味も存在します。

　教育界では、幼稚園を世界に広めたフレーベル（Friedrich Wilhelm August Fröbel, 1782-1852）が子どもたちを花園に咲く草花ととらえています。草花が上手に育つよう庭師が土に栄養を与えて世話をするように、教師も子どもたちが成長できる環境を整えなくてはならないと述べています。

　このように教育を生業にしてきた人たちにとって、心を耕し、耕される経験は随分と昔から大切な経験の1つとして受け継がれてきています。かく言うこの私も大学で教職課程の教員として働くまでにたくさん心を耕し、耕される経験をしてきています。人と触れあうことが大前提の教職では、このようにさま

ざまな体験から「心にふれる」機会をもつことはとても大切なことなのです。

　しかし現実問題として、自分が成長できる時に一生懸命目標に向かって努力し続けていくことが大事なのはよくわかっていても、いざそれを実践していくとなるととても難しくなると思います。

　それでも素直に苦手な課題に向きあい、頑なに拒否し続けてきたことに少しずつ取り組むようになっていくと、苦手意識の克服につながるだけではなく、新しい知識や物事の考え方が自分の中に根づいてきます。これこそが心が耕されている状態をもっともよく表しているといえます。

　こうした経験を教職の世界で得るには、知識の研鑽と、人とのつながりをもつことが重要になってきます。知識だけではなく、人の言動から心を耕されることもありますし、コツコツと知識を積み重ねていく過程で何かをつかむこともあるでしょう。特に恩師からのアドバイスや、友人からの助言など、人と会することを通して「心が耕される」経験は何にも代えがたく、そして明日に向けてみずからを動かす原動力になってくれることでしょう。

▎第2節 ┊ 知識から心を耕されること

1．自己の研鑽と他者への貢献という気持ちが心に栄養を与える

　教師を志す者として欠かせないのが知識の伝達です。知識の伝達とはいわゆる自分の専門にちなんだ教科内容を目の前の子どもたちに伝えていくことなのですが、この教え方については教師の間でも良否の判断が分かれることがあり、教師にとっては重要な行為の1つです。

　みなさんは生徒同士でお互いに得意科目を教えあった経験はないでしょうか。その際、途中で教え方がよくわからなくなってしまったことはないでしょうか。この教えるという行為は、実は学ぶ行為よりも難度が上がるのです。実際に自分がわかっている単元や試験範囲の問題を他者に教えるとなった時、意外に難しさが感じられるケースを多く見てきました。

　同じように教師が教科内容を生徒に教えるという行為にも、それと等しく、難しさが伴います。それゆえ教師は日々「**教材研究**」を欠かさないのです。教

材研究とは教師が1つの授業のなかで何を教えるかについて、学習指導要領に沿って工夫を凝らしながら、さまざまな教材を使って教える筋書きを考えることです。ここでの重要なポイントは教える相手（生徒）の状況を教師が「認知」しながら教材研究を行うということです。認知とは人が自分の目の前にいる相手を正しく認識することで、対象が何であるかを判断したり解釈したりすることを意味します。つまりは教育する相手についてしっかりした認識をしていないと、いくら教材研究を重ねても、対象が望んでいることや期待していることを理解しづらくなり、良い授業に結びつけることは難しくなってしまいます。

　当たり前のことですが、各教科の授業は一体何のために行われるのかといった視点をもたないと、対象の生徒にその教科で学ぶことの意義を伝えることは難しくなります。また教科に関する知識や単元内容を必死で覚えたところで、それを対象者である生徒にどのように伝えていくかについて同時に考えなければ、単なる関連科目に関する調べもの学習になってしまいます。この教材研究というものは教師の資質が問われる重要な部分といってよいでしょう。

2．知識の探求から心が耕される

　この教材研究を通して教師、あるいは生徒の心が耕されるとはどのようなことなのでしょうか。その答えは、個々の教師が積み重ねていく知識のなかにみずから興味・関心をもつ点にあります。たとえば国語を中心とする「読み書き」の行為について、「人はどのタイミングで日本語の文章を書き始めるのだろうか」、「そもそも読みと書きはどちらが先に身についていくものなのだろうか」といった探究心をもつことによって、常に新しい発見をみずから見つけていく行為のなかに、心が耕されるきっかけがあるのです。また読み書きのルーツを探っていくことで、国語科に囚われない、本来あるべき学びの探求心や楽しく学ぶ姿勢を自然と生徒に伝えていくことにもつながっていきます。みなさんも中学校や高等学校において専門領域に興味・関心が強かった先生の授業を思い出してみてください。その教師の熱意や興味・関心事に引きつけられた経験はないでしょうか。

　したがって教師は知識に対する興味・関心から、それを学ぼうとする他者

（生徒）に対しても興味・関心を広げていかなくてはなりません。それはたとえば各教科における生徒の課題への取り組みや、ノートの取り方、レポート作成等といった学習行為そのものについて生徒の状況を把握することにつながっていくのです。

3．知識の伝達から生徒理解へ：共感力の大切さ

　このように単なる教科内容の伝達を超えた知識の研鑽は、生徒にも良い影響を与えます。教師がこうした興味・関心から広い視野を持ち合わせることで、単元学習をすることの本質により近づくことが可能となるはずです。というのも単元学習とは、本来、事物や現象に対する知識の追求ではなく、経験を通して事物や現象を理解していくことに重きを置いているため、個々人の興味・関心から出発する方法は的を射ています。

　このことを教師が生徒に丁寧に伝えることができれば、なぜこのような課題を課すのか、なぜ本をたくさん読むように言われるのか等、その理由を理解することに繋がっていくはずです。実際は、一律にやらなければならない課題として取り組む生徒の方が多いと思います。しかし時折、本来国語が苦手である（と勝手に信じ切っている）生徒にそのつまずきの段階を知らせることにもつながり、生徒理解の幅が広がる可能性も秘めているのです。

　また、こうした認知的視点をもつことは、教えて育てる行為の本質を私たちに気づかせてくれるきっかけも与えてくれます。昨今の教育は、今日もしくは明日にでも役立つ知識を伝達することに躍起になっている傾向が見られます。しかし教育とは本来、個々の生徒の将来につながる資質（人間性、心のおおらかさ、豊かさ等）をゆっくり醸成させていくことにその本質があるのです。教師の飽くなき知識の研鑽に対する追求とその伝達方法に日々悩みつつ、生徒への共感力を大切にしながら接していくべきだと思っています。

第3節　心を耕すコミュニケーションとは

1．学校内におけるコミュニケーションの実際

　コミュニケーション能力は教師の印象を大きく左右します。学校生活のなかで、生徒と教師、生徒同士、教師同士やその他職員とのコミュニケーションが欠かせない重要な活動の1つであることは、みなさんもよくわかると思います。

　なかでも生徒同士の意思疎通を行うコミュニケーションについて、教師がどのように意識しているかによって、生徒との接し方や学級環境の作り方に違いが出てくるものです。というのも幼児期では、子ども同士のいざこざが生じた際、たいていの保育者はおよそ3～4歳児くらいまでは互いの主張を丁寧にくみ取り、お互いの主張が理解しあえるように、言葉を紡ぎながら相互理解に努めます。これは、4～5歳児以上になった際、自分たちでそれぞれの主張を互いに認めあうことができるようにするためなのです。

　こうした相互に理解しあう行為がコミュニケーションの特徴である事は誰しもが理解できるものですが、実際には小学校以上になってくると、授業中に実践されるコミュニケーションを中心に、互いに自分の意見を主張するだけの発信に留まっているケースも少なくありません。また思春期を迎えると自己の表出にためらいも見られるため、日常の会話でさえ、情報の伝達が中心となり、互いの意志を主張しあい、それらを相互に理解しあう場が少なくなっている現状もあります。

　ここに興味深い統計データを紹介しましょう。神奈川県立総合教育センターが平成26（2014）年にまとめた小学校、中学校、高等学校におけるコミュニケーションに関する報告書によると、小学校高学年から高校3年生までの児童・生徒にアンケートを実施したところ、コミュニケーションを取る際に、「自分の思いや考えを、分かりやすく相手に伝えること」については、「あまりできていない・できていない」を選んでいる児童・生徒が他の項目よりも多いことが示されています。

　これは児童・生徒が、「聞くこと」より「伝えること」に課題があると感じていることがわかります。一方で伝えあう時に大切だと思うことに関する設問

の結果を見ると、伝えることや話しあいに関する回答の割合が高く、聞くことに関する回答の割合は、どの学年も2割程度であることが示されています。こうした統計からも、児童・生徒がコミュニケーションを取る際、受信よりも発信を重視する傾向があることがわかります。

　こうした児童・生徒間のコミュニケーションの実態は決して本来あるべき姿とはいえません。本来あるべきコミュニケーションとは、先述したように、幼児期の子どもがお互いに納得できるように保育者が言葉を紡ぎながら**相互理解**に努めることを各発達段階において実践していくことではないでしょうか。もちろんこうした取り組みは幼児期にのみ可能であって、その後の発達段階においてはこうした対応が難しくなり、学年が上がるにつれて教師がコミュニケーションの重要性を直接伝達する機会は少なくなっていくことも事実です。

　しかし教師を目指すみなさんは、本来あるべきコミュニケーションの姿について知っておかなければなりません。そうでなければ現在の児童・生徒のコミュニケーション能力の実態を知ることにはつながらないからです。

2. 葛藤経験の重要性とそれを促す実践例

　教材を学ぶ側がひとまとまりの経験として学習を進められるような教育方法の追求は、常に教師の頭のなかにあります。先生たちは日々、よりよい教育方法の開発を模索し、そのためのトライアンドエラーをくり返しています。

　ある高校の公民の先生は、もともと法学部出身であったため、民主主義制度の大切さを訴え、日本における政治参加に対する意欲を全体的に向上させたい気持ちをもっており、教師になってその重要性を生徒に伝えるよう日々努力しています。しかし昨今の若者の政治に対する無関心や、受験対策などで形式的な知識の獲得にのみ興味を示す生徒を目の当たりにし、生徒の政治に対する興味・関心を上げる授業を優先するべきか、もしくは受験対策として要点解説や出題傾向を追った授業を実践するべきか、日々**葛藤**のなかで授業をしています。

　実際の社会では、誰もがこの先生のようにどちらとも明らかな正解とはいえない状況に日々向きあい、悩みながら日々の仕事や生活に追われているといってよいでしょう。みなさんがこれまで経験してきた学校の授業では、明らかに

第3節　心を耕すコミュニケーションとは　　55

正解がわかる、もしくは正解が出やすい環境が多かったと思います。でも実際の世の中では、すぐに答えが出る事例はほとんどありません。どちらを優先したら良いか、それは何のための選択や決断なのかと日々悩むことは、社会人になる上でとても大事な経験といってよいでしょう。

　こうしたどちらかの選択に悩む経験や、複数の答えがある事例を、学校の授業で取り入れた実践があります。それはある中学校の道徳の授業において実践されたもので、甲子園に出場が決まっていた野球部の補欠部員が不良少年に因縁をつけられケンカをしてしまい、不祥事として学校長が甲子園出場を辞退してしまったという判断についての是非を問う課題でした。こうした実践においては大抵の場合、この学校長の判断が良いか悪いか、その理由は何かといった点が強調されがちで、主に意見表出に授業時間の大半を費やすことになってしまいます。

　そこでこの事例を紹介した浅沼等（2018）は、ディスカッションの内容そのものに相手の立場を理解しようとする視点を取り入れることによって、これまでの個々人の意見表出のみに終始していた段階から抜け出すことができると提案しました。具体的には、この事例を「フェアー精神」か「教育的観点」かといった視点で議論するのではなく、「他人の目を気にするだけの組織的な参加がスポーツの論理」なのか「スポーツは、個人の主体的な精神が重要」なのかといったより深い次元でとらえるよう、課題解決のヒントを教師が提供することによって、生徒が葛藤に近い深い思考を要する実践に変化するとしています。

　日常生活でくり広げられているいわゆるコミュニケーション全般から、学校などの授業で取り入れられているディスカッションに至るまで、人と人とが交わす会話のなかには、単なる挨拶や情報の交換にすぎないものもあります。しかしそこに他者を理解しようとする視点を入れると、同じ教材を使ったやりとりがそれまでとは違った思考のレベルを問う授業へと変わるのです。その実践者である教師に、物事の深さを追求していく姿勢や興味・関心が必要であり、教師にはそうしたレベルの高いコミュニケーションを作りだす大きな役割があることを知っておいてください。

第4節　お世話になった先生たちの思いを紡いでいく教職人生

　心を耕し、耕されることとは、このように人と人との接触によって生まれる感情や衝動、それによって自分の価値観が変化するほどの存在に出会う、大切な経験です。この本を手に取って読んでいるみなさんは、これまでの人生のなかで教師という仕事を志した人たちにこうした感情を抱くことがあったのではないでしょうか。教師になるためにはこれからまだ多くのことを学ばなければなりませんが、教育とは出会った人たちの思いを紡いでいく行為だと思います。皆さんも是非これまでに出会った素晴らしい先生たちの思いを紡いでいく経験をしてみてください。そこには自己と他者の幸福のみならず、他者への共感によってそれぞれの幸福がより大きなものになる感動と気づきが待っていることでしょう。

（髙橋　洋行）

【さらに学びたい人のために】

佐伯胖著（1995）．学ぶということの意味　岩波書店：すべての人にとってもっとも人間的な営みである学びについて著者は「自分探しの旅」と定義しています。学ぶ＝勉強となってしまっている今の世の中に対して真に学ぶことの意味を問い直し、人と人、人と文化を結びつける学びの道を探る著書です。

阿部謹也著（2003）．日本社会で生きるということ　朝日文庫：日本社会とはどういう仕組みになっているのか、その特徴である「世間」の存在をクローズアップし、世の中で個々の日本人としての在り方を模索する方法を提案している単行本です。世間の良し悪しについてわかりやすく解説しています。

渡辺和子著（2017）．置かれた場所で咲きなさい　幻冬舎：人はどんな境遇でも輝ける、そのためには置かれた場所で自分なりの花を咲かせましょうという、ポジティブな気持ちにさせてくれる本です。人間が日々悩むことは当たり前だという視点に立ち、辛い時も楽しい時も地に足を着けて日々の生活を送るために、ほんの少し手助けしてもらえる本です。

【引用文献】

浅沼茂編（2018）．思考力を育む道徳教育の理論と実践　黎明書房

神奈川県立総合教育センター（2014）．平成26年度コミュニケーションに関するアンケート調査報告書

Chapter 6

学びを支援する

CAIという語をみなさんは聞いたことがあるでしょうか。Computer Assisted Instructionという語の略です。Aの部分はAidedの略だと言われることもあります。今、この語はコンピュータ支援教育と訳されていますが、比較的新しい訳語です。1980年代、この語はうまく訳せない、ということで、CAIという語が広まりました。当時、大学院でコンピュータ教育を指導していた教授たちは、できの悪い訳語を自分たちで作るより、将来に託した方がよい、と言っていました。当時の語感では、Assistedを支援と訳すことはありえない感覚だったと思います。今日では「支援」という語は多くの場面で使われるようになりました。養護学校は特別支援学校になりましたし、外国人の子どもの教育も特別支援教育のカテゴリーに入っていると考えている方もいますし、授業とは教師が支援する場だと言われるようにもなりました。

キーワード：支援、開発主義教援法、ソクラテスの問答法、表現、伴走者、構築主義、特別支援、共学、手話、社会モデル、サラマンカ声明、日本語、外国籍、自分事、きっかけをつくる

第1節 「教える」と「支援する」

　教師は「教える」存在ではない、ということは以前から時々耳にする言い方でしたが、最近ではそれに加えて「支援する」存在だ、と言われることもあります。これから、みなさんが教育学を学んでいく時、気をつけなければならないことの1つは、この場合の「教える」という言葉が何を指しているかということです。ごく最近まで授業に関して「支援」という語が使われていなかったのですから。

　しかし、かつて「支援」という語が使われていなかった時代でも、教育界のリーダーたちの間で望ましいと考えられていた教育は、基本的に今日とそんなに違うわけではありませんでした。ただ、それを日本全土に普及するのは容易

なことではなく、今日でも不十分です。そのためさまざまな普及の努力がなされていますが、その過程でたどり着いた１つが、「支援」という語なのです。

1872年に「学制」によって近代の小学校教育が導入されましたが、その同じ1872年にM.M.スコットにより師範学校（筑波大学の前身）で一斉教授法が紹介されたことは、よく知られています。そして、「支援する」教育は、その当時から、教育分野のリーダーたちの間で、ずっと日本の教育現場が実現すべき課題だと考えられていました。

1880年代の日本の小学校教育では、今日風の「支援」する教育は、**開発主義教授法**の普及を通して実現しようという努力がなされていました。その主唱者は、当時東京師範学校の校長になって初等教育を改善しようとした高嶺秀夫でしたが、開発主義教授法は、日本中にはびこっていた注入主義教授法を駆逐しようとするものでもありました。

当時、授業は教師の発問と児童の答えという問答法で進めることが原則となっていました。開発主義を実現する方法と考えられていたのが、**ソクラテスの問答法**と呼ばれる方法でした。自分で考え出せるように、教師が発問を重ねていくという方法です。この方法は教師が答えを「教えて」再生させるのではなく、教師は「支援する」ものだということができます。

注入主義とは、覚えなければならない答えを暗記させていく指導法です。問答法で行う場合は、暗記したことを再生させて、暗記を定着させます。この方法は、カテキズム法（キリスト教の教理問答）とも呼ばれています。

すでに1800年前後に、ヨーロッパでは問答法によって「支援する」ことが重要だという考えが普及しつつありましたが、1870年代にそれを輸入したはずの日本では、注入主義の「教える」ことが普及してしまいました。学びとは暗記することだという理解が日本の旧来の教育観だったからでしょう。

開発主義教授法が何かということは、住宅の建て方を学ばせる場合の例で理解することができるでしょう。教師は学習者を空地に連れて行きます。そして、空地をいかに利用していかに建てるべきかを一緒に考え、共同で材料をしつらえ、生徒の希望にそって建てさせるという例です。その手順を進める間に、生徒はその家を理解していきます。今日でいう「支援」そのものという内容です

第1節　「教える」と「支援する」　59

（豊田，1988）。

　「教える」（カテキズム法）は、それに対して、教師ができあがった家を子ども
に見せてその合理的な構造に注目させ、建てた家を教えて知らせる、というも
のです。パズルを解くような趣がありとても知的に感じられます。

　その「教える」がなぜ否定されるべきかは、わかりやすい例として、現在の
高校入試・大学入試対策としての数学の学習の1つの方法をあげてみましょう。
問題集で正解を見てから解き方を見つけ出すという学習方法です。入試突破に
は有効だということが知られていますが、数学指導としては邪道とされていま
す。数学の実力がつかないからですが、カテキズム法による学習が否定される
のは、そのような同様の欠点があるからです。

　学校教育の授業の歴史は、「教える」と「支援する」とのバランスをどのよ
うに配分するか、という調整のなかで進んできたといってもよいのかもしれま
せん。

　日本の教育の過去をふり返ると、「支援する」ことへとバランスが移行した
のは、大正時代でした。欧米の新教育に刺激を受けて、全国の教育が大きく変
化したのです。

　その変化が教育学の研究でよく解明されているのが、小学校の図画教育の分
野です。図画は描画の「技術」を学ぶ教育から、心を「表現」する教育に変化
しました。国定教科書が絵を模写する「臨画」から、自分の眼で見て感じたこ
とを描く「写生」に移行したのです。教師の行うことは「教える」から本章で
いう「支援する」に変化しました。当時の文献でそのような「支援する」がど
う表現されているかを探してみたところ、長野県師範学校では、図画教育に対
してのものではありませんが、教師は「見とり人」である、という表現が使わ
れていたことも知られています（『信州大学教育学部附属長野小学校百年史』1986年）。

　学校教育は、今も「支援する」教育を広めるためにさまざまな試みや言語表
現がなされています。美馬のゆり氏は、1997年に教師とは「教える存在」では
なく「伴走者」であると語っています。NHKのテレビ番組「メディアと教育」
（1997年12月6日放送）で、コンピュータを使用して作曲を行う小・中学校の授業
を解説した際の言葉です。伴走者とは陸上競技などで、ランナーのタイムを向

上させるために、走る人の脇についてペースをコントロールする人のことを指します。

　以上の説明を読んで、「支援する」という語の背後に、人の成長について1つの理解があることに気づいた人もいるでしょう。人は、自分が出逢うさまざまなこととの相互交渉によって成長し、おとなになっていく、つまり自分がつくられていくのだ、という理解です。そういうと、行き当たりばったりのような印象を与えるかもしれませんが、大学の教科書『新しい時代の教職入門』（秋田ほか編，2024，第2章）でも、教師の仕事をそのような文脈で述べています。教師は「伝達者」ではなく、未知の展開への「支え手」だというのです。ここでいう自分が作られていくという理解は、**構築主義**という考え方にあてはまるものですので、みなさんが大学の講義などで構築主義という考え方に出逢った時には、このことを思い出してください。学びとは、決してパッケージのような知識の塊を受けとるものではない、という理解です。

　そうした表現の工夫は現時点でも続いていると思われますが、ともかく学校の授業では、「支援する」のバランスが大きくなり、「教える」から「支援する」という方向に移動しているのです。

　最後に、「教える」がなぜ排除しにくいか、廃れにくいか、その理由について、筆者が最近気づいたことを述べておきたいと思います。教師が手を抜いているのだ、というような説明を耳にした人は多いかもしれませんが、筆者が気づいたのは、実は知的におもしろいからではないかということです。

　みなさんはヒットアニメ『君の名は。』を見たことがあるのではないでしょうか。それをもう一度見てください。印象が著しく変わります。作品の結末は、ドラマの伏線としてしかけられたタイムパラドックスが生み出した世界に生きることになるということですが、作品の結末を目にしてから2度目を見ると、わかりにくかった冒頭部分が、結末と緻密につながっていることが見えてきます。まるで別の作品であるかのように感じるはずです。つまり、結末あるいは結果を知ってからそこに至る因果を読み取ることに潜む、はかりしれない知的興奮が、2度目の鑑賞の時にあるのです。できあがった家を見せてから家を学んでいくカテキズム法に潜んでいる魅力です。

第1節　「教える」と「支援する」

ただし、この作品は、さかのぼって解釈をしていくという知的興奮にとどまってはいけないということも感じさせてくれました。というのは最初に鑑賞した時に、「開発主義教授」で家の建て方を学ぶように、発見的に物語を十分楽しんでこそ、２度目の鑑賞で知的興奮を味わえるのではないかと感じられたのです。

第2節 | 特別支援教育

　現在の学校教育では、心身の障害等に起因する特別なニーズに対応する教育として「特別支援」という語が、第1節で確認した「支援」とは別の意味で用いられています。「特別支援」は法令に規定された用語で、視覚障害者、聴覚障害者、知的障害者、肢体不自由者、あるいは病弱者（身体虚弱者を含む）に対して、通常の教育に準じた教育を行えるように実施する「特別」な支援を指しています。また法令上では、「障害による学習上又は生活上の困難を克服し自立を図るために必要な知識技能を授けること」も目的とされています。

　特別支援教育の担当教員には担当する資格として通常の免許のほかに特別支援学校教諭免許状がありますが、免許を持っていなくても、みなさんが公立校の教員になれば、教員の配置の都合などから担当になることもあります。

　共学が原則です。つまり、可能な限り、通常の子どもと同じ学級でそれぞれに合った教育を受けられるようにする、という前提があります。現在、特別支援教育の体制は整備中と言ってよい状況にあり、今後変化していくと思われますが、現状を書いておきます。

　筆者が参観した小学校1年生の算数の時間は、ADHD（注意欠陥多動性障害）の子が1人いて、授業中に黒板に字を書いている先生のそばに立ち、思うままにチョークで文字を書いていました。しかし、授業の妨げになるわけでもなく、先生も子どもたちも全く気にせず、授業が進んでいきました。先生がそのような雰囲気を巧妙に作っていたのですが、それは特別支援といってよい状況でした。

　共学では十分に対応できない場合に、2024年度現在は児童生徒数や障害の質

や程度に合わせて①教室、②学級、③学校の３形態が設けられています。①教室と②学級は各学校内に設けられ、通級指導教室、特別支援学級と呼ばれています。共学の学級の方は区別のため「通常級」や「通常の学級」と呼ばれることがあります。ただし、東京都では知的な発達の遅れはなくて発達障がい傾向のある子どもを対象に週に１〜２時間指導・支援を行う通級指導教室が設けられています。また③学校は、通常の学校とは独立して設けられた特別支援学校です。

　通級指導教室は、子どもが通常の所属学級（母学級、親学級ということもあります）から週に何時間か通う方式で運営されています。教室が各学校に置かれている地域もありますが、他校に設けられた教室に通うこともあります。「通級指導」や「取出し指導」という語が用いられます。対象となるのは比較的軽度の子どもです。専門教員は拠点校に配置されていて、各校の教室に派遣され、あるいは巡回します。教室担任はいませんが、子ども一人ひとりに担当の教員が配置されます。親学級の方では、学級担任等が巡回指導教員や巡回相談心理士の助言に基づいて、指導方法を工夫します。たとえば、コミュニケーションが苦手な自閉症の子にはロールプレイを用いて会話などの指導を行うことがあります。

　特別支援学級は、その学級に子どもが所属し学級担任も配置されていて、固定学級という形式になっています。多くは知的障害、自閉症・情緒障害を対象にしています。

　前述の法規上の教育の目的にある「自立」に関しては、非常に難しい教育上の論点を生み出している例があります。その１つが、聴覚障害児の手話の扱いです。

　日本の多くの聴覚障害児の学校では手話を用いず、聴覚口話法という方法で授業をしています。相手の口の動きから相手の話していることを読み取り、発声の訓練をして、健常者に聴き取れる発音で話をする訓練をしていくものです。それが「自立」だという考えが採られているように思われますが、いかに負担の大きい方法か、ということは、みなさんが読唇術を身につけようと少しでも試みてみれば、わかると思います。

第２節　特別支援教育

口話法が支持された考え方は、今日の視点で言えば、障害の「医学モデル」と呼ばれる考え方に該当するとみてよいものです。個人の聴覚障害は個人に原因があるのだから、本人のみが努力と訓練で克服しなければならないと考えます。しかし、現在では障害に対する学問的理解が深まり、障害の「社会モデル」と呼ばれる考えが主流になっています。障害者が生きづらいのは、個人にだけ原因があるのではなく、障害自体が、社会（モノ、環境、人的環境等）との相互作用によって生み出されるものなのだから社会のほうを変えればよいという考え方です。2017年6月10日早朝のNHKニュースで紹介されたインドネシアのバリ島ブンカラ村は、その典型例です。歴史的原因で聴覚障害者が多いため、健常者も手話を使用した会話ができるのです。

　一方で教育的観点からも手話教育の重要性が主張されています。手話を第一言語として、学校では手話を用いた表現力を鍛えて、聾者の知的能力を高めることが適切だという考えです。現在それを徹底して行っているのが、東京都品川区にある私立の明晴学園（小中学校）です。同校は学校教育法のいわゆる一条校ですが、英語も含めすべての授業を日本手話（第8章第2節）で行う唯一の学校です。NHKは同校の教育の1年間を取材し、2018年5月26日にEテレで『静かで、にぎやかな世界〜手話で生きる子どもたち〜』を放送しました。番組の中では子どもたちが手話を用いて思考する場面がふんだんに現れます。

　筆者自身が同校の授業を参観して感じたことを1つだけあげておきたいと思います。その子たちは音声表象なしにどのように思考し、または回想しているのか、ということが参観ではまったく読み取れなかったのです。全身の身体の筋肉の運動感覚なのでしょうか。筆者にとって、それは素朴な疑問であるのですが、それだけではなく外国語を第二言語として習得する際に必要なことに通じていないか、その本質を解明する鍵がそこにあるのではないかと感じています。そのことはほとんど研究成果がないようなので、解明が望まれる問題です。

　現在、同校のような教育が全国的に広がらない理由の1つが補聴器の機能の向上だといわれています。内耳に埋め込む補聴器によって、手話に頼らない教育が容易になる子もいるからです。しかし、手話による表現力の獲得が適切な子もかなりいることに留意すべきです。

以上に特別なニーズのうち、心身の障害に対応する教育の場として、特別支援教育について述べてきました。しかし、国際的には、外国人児童生徒に対する教育も特別なニーズとされています。日本では法的には特別支援教育の枠組みに入っていないのですが、1994年にスペインのサラマンカで開催されたユネスコの「特別なニーズ教育に関する世界会議」で発せられたサラマンカ声明では、障害のある子どもの教育と並んで、言語的・民族的・文化的マイノリティーの子どもたちに対する教育が特別なニーズとされています。

第3節　日本語が話せない生徒への支援

1．日本語が話せない生徒の気持ちを自分事としてとらえる

　ある日突然、校長室に呼ばれました。多くの場合、何の前ぶれもなく告げられるのが、転入生の受け入れについてです。他のクラスに比べ在籍数が少ないクラスの場合、年度途中に転入生を受け入れることはままあることです。ところが今回は、在籍数の少ないクラスの担任が、転入生受け入れ困難と断ったため、在籍数の一番多い私のクラスに声がかかりました。その受け入れ困難といわれた転入生は、日本語がまったく話せない外国籍の生徒でした。

　私も日本語がまったく話せない生徒を受け入れたことはありませんでしたが、こうなったらなんとかするしかありません。その生徒はどのような思いで登校しこの教室に入ってくるだろう、少しでも居心地がよいと感じられるようにするにはどうすればよいだろう等々、頭のなかでシミュレーションしました。そこで、ひらめいたのが次のような「一方通行のコミュニケーション」の活動でした。

【方法】
① クラスの中で「この人の説明ならば誰もがわかる！」と思う人を選ぶ。
② その人に秘密のカード（図6−1）を渡し、描いてあること説明してもらう。
③ 生徒は、その説明を聞きながらノートに描いていく。
　（ただし、質問はできない。）

　この秘密のカード（図6−1）には同じ大きさの正方形が6個描いてあるだ

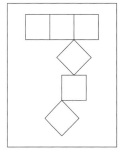

図6-1 秘密のカード

けですが、一生懸命言葉で説明しても、同じように描き写すことのできる生徒はわずかしかいません。説明をしてくれた生徒は、「こんな単純な図形の組みあわせなのに、実際に説明してみるとすごく難しかった」と話していました。また、説明を聞いていた生徒たちからは、「質問ができないので、途中からあっているのかどうか、わからなくなった」「説明通りに描いたつもりなのに間違っていて悔しかった」などの感想が出ました。

　活動後、明日このクラスに中国からの転入生が来ること、その生徒は日本語がまったく話せないことを伝え、ふり返り用紙に感じたことや気づいたことを書いてもらいました。すると、「お互いがわかりあうには、さっきみたいな一方通行のコミュニケーションではダメだということがわかった。あと、和英辞典のような中国語バージョンの辞典を教室に置いてほしい。」「説明がうまい〇〇さんに説明してもらっても、正しく描くのが難しかったのに、日本語がぜんぜん通じない人の気持ちをわかろうとするのは大変なことだと思った。」「言葉が通じないなかで生活するのは、すごく不安だろうなぁ～と思った。」など、**自分事**としてとらえこれから出会う転入生への思いを語り始めました。

2．人からしてもらって嬉しいことをする

　私の頭のなかでのシミュレーションはまだまだ続きます。たとえ言葉の壁があったとしても、生徒一人ひとりが転入生と何かしらでつながれないか、転入生にとって「宝物」となるような何かしらを準備して、転入生を迎えたいと思

【転入生へのメッセージカードの書き方】
① カード（2穴パンチで穴をあけたはがき大のケント紙）の表には、学校生活で知っているといいなと思うもの（やこと）の絵とその絵の日本語を書く。
② 裏には、それを選んだ理由や転入生への歓迎の言葉と自分の名前（漢字とフリガナ）、表に描いた絵の日本語をひらがなで書く。〔裏〕

第6章　学びを支援する

いました。言葉の壁を越えるには、心でつながるしかありません。そこで、人からしてもらって嬉しいことを一人ひとりが考えて、転入生へのメッセージカード（以下カード）を書く、という宿題を出しました。

　先生になるということは、きっと、いろいろな場面で、こうした何かしらを自分で考え、実践していくことなのかもしれません。

　生徒たちは何の絵を描いてくるのか、私は内心ワクワクしていました。いつもなら宿題を忘れてくる生徒が1人や2人はいるクラスでしたが、今回の宿題は全員忘れずにカードを持ってきました。

3．生徒と転入生をつなげる

　次の日、転入生の彼は教室に入ると片言の日本語で「私の名前は○○です。よろしくお願いします」と自己紹介をしました。日本語が話せないと聞かされていた生徒たちからは、どよめきとともに拍手が沸き起こり、ピーンと張りつめていた空気が一気に和みました。彼が席に着くと今度は自分たちの番です。1人ずつ彼の前に行き、「A君、おはよう！」「ようこそA君」など、思い思いに日本語で話しかけ、自分の名前を伝えていきました。そして、準備してきたカードの絵を見せ、裏に書いてあるメッセージと下に書いてあるひらがなを指でさしながらゆっくりと読み上げました。たとえ言葉が通じなくても、名前を伝えあい名前で呼びあうことで、心理的距離はグッと縮まるものだと感じました。

　実際に、どのような絵を生徒が描いてきたかというと、鉛筆や消しゴムといった文房具類・黒板や机、椅子といった教室にあるもの・バスケットボールやテニスラケットといった部活動に関するもの・おはよう、いただきますなどの挨拶などでした。そのなかに、1人だけ「ネギ」を描いてきた生徒がいました。カードの裏には、「僕の苦手な食べ物。給食に出ると食べずに残す野菜。」と書かれていました。「ネギ」を描いてきた生徒は、なぜ「ネギ」を描いたのかその理由をなんとか伝えようと身振り手振りでコミュニケーションをとろうとしました。すると、A君も頷くように首を大きくたてにふり、微笑みながらトマトの絵を描いて、自分の苦手な食べ物を身振り手振りで伝えていました。「な

るほど、こうやってコミュニケーションをとるんだ！ 子どもってすごいなぁ〜」と彼らから学びました。

「愛の対義語は憎しみではなく無関心」という言葉があります（ちなみに、これは、マザー・テレサの言葉として有名ですが、実は、ホロコースト生還者であるエリ・ヴィーゼル（Elie Wiesel）氏の言葉だそうです）。相手のことを自分事としてとらえ、互いにわかりあおうとする気持ちが、クラス中に広がり優しい空気で包まれました。

教師にできることは、きっと、きっかけをつくることしかないのです。生徒が切磋琢磨しながら伸びていくには、教師ではなくこうした同年代の仲間の存在が必要なのだ、とつくづく感じました。

（冒頭・第1・2節：所澤　潤、第3節：鹿嶋　真弓）

【さらに学びたい人のために】
長嶋愛（2021）．手話の学校と難聴にディレクター─ETV特集「静かで、にぎやかな世界」制作日誌── 筑摩書房：自身が難聴であるディレクターの長嶋氏が、明晴学園で行われている「手話科」の授業に感銘し、番組制作の中心となって、難聴児をかわいそうな存在としては描かない番組を作り出したことを記しています。そしてまた手話を禁止してきた多くの学校が、子どもから自己表現力を奪っているという現実を、問題として投げかけている書でもあります。

【引 用 文 献】
秋田貴代美ほか編（2024）．新しい時代の教職入門（第3版）　有斐閣
豊田久亀（1988）．明治期発問論の研究──授業成立の原点を探る──　ミネルヴァ書房

学術的な教育研究が教育を支える

> 通信制で教員免許を取り、10年以上他の職種で仕事をしてから教員となった教え子が担任する小学1年生の授業を参観していた時のことです。教室から体育館へ移動する時、その学級の児童は整列して廊下を歩くことができていませんでした。ベテラン教師の学級の児童は整列して移動しており、新任のその先生はなんとなく引け目を感じていましたので、1つ助言をしてみました。「移動開始前に集合させてすぐ出発にしないで、30秒ぐらい前に集めて一度、整列させてから出発させてはどうだろうか。」しばらくたってからその助言は役に立ったか聞いてみました。返事は、「うまくいくようになりました。集めて整列させるのには10秒で大丈夫でした。」というものでした。そんな小さな工夫も多くの事例に適用可能であれば、法則と呼ぶ実践家の集団もあります。
> キーワード：3方向コミュニケーション、1人1言語の法則、KR、バイリンガル、1親1言語の法則、 経験則

第1節　学術的研究と教育

　教育が学術的な研究の対象となっている、ということは、教員免許を目指し始めた皆さんには目新しい視点かもしれません。教師になるためには基本的な技能を身につけ、職場の慣行を身につけ、教える内容をよく理解していれば、教壇に立てるからです。しかし自分が教職を一生の仕事とするならば、教壇に立てるだけでは満足できなくなり、仕事を深めたくなります。皆さんがその時に出逢う1つが教育に関する学術的研究です。

　教育とは、人間社会を次の世代につなげていくための基本的な営みですので、現実に起こっている社会や個人のあらゆる側面が、教育学で研究されています。ですから教育学を深めていくと、皆さんが大学で学ぶ専門分野についての理解も深まっていきます。それらの多くは教師としての自分を支える基礎知識となるものですが、それにとどまらず生き方の問題、学問の追究、人とのかかわり、

利益の追求などさまざまなことに役立つものとなっていきます。

　一方で、教育は誰でも受けてきたものであり、また自分に子どもができれば避けて通ることができないものでもあります。教育は誰でも議論でき、大学で養成された教師と同等以上の専門的な識見をもつ方もいます。そのような方々がもたらす情報は有意義なものが多いのですが、それでも学校現場においては最終的に判断するのは専門職である教師自身だということに注意が必要です。その判断のよりどころは教師自身の経験や人生観の場合もありますが、教育の学術研究にすべき場合もあります。

　本章では、例として「３方向コミュニケーション」と「１人１言語の法則」といわれる２つの考え方を取り上げます。この２つは、学術的にかなり検討が進められているものです。前者は、その考え方に本人が気づいていないために、授業がスムーズにできないという問題を解決するための技術です。後者は流布している誤った考えのために、子どもの一生を大きく破壊することさえある、より深刻な側面のあるものです。いずれも、今、それらを知ることで、教職人生を目指していく皆さんのこれからが豊かになります。

　そうした考えは、事実に基づいてまとめられたり、なんらかの考えから発展されて生み出されたりします。そんな考え方を進めて到達した結論が不適切なものになることがあります。原因は論理的推論の手続きに誤りがあったと言うよりも、有限の回数の経験から、どんな場合にもあてはまる真理を得ようとして飛躍するところにあります。結論に到達する際にどうしても必要だった飛躍が、次の機会には同じ事実に基づいても到達する着地点を違うものにしてしまうのです。

第２節　コミュニケーションの理論

　３方向コミュニケーションは、コミュニケーションを理解するための１つのとらえ方といってよいものです。２人の間のコミュニケーションは「質問・指示」の部分が第１の方向で、それに対する「応答」が第２の方向、そしてその応答に対して「返す部分」があって、それが第３の方向だというものです。

そのとらえ方は、一般に浸透している考え方と著しく異なっているため、その違いに注目する必要があります。一般に浸透している考え方では、2人の間のコミュニケーションは、質問・指示と相手の応答というセットで成り立っていると考えます。

　2人の間という考え方に従うと、教師が授業で児童生徒と対話する時は、質問・指示の仕方を工夫することが大切だということになります。教師は児童生徒がどのように受け答えをするかを予想して、適切な質問・指示を準備しなければならないという考えに至るからです。実はそのような予想はほとんど不可能なのですが、そのような観点から工夫された授業実践の事例はたくさんあり、教職課程ではそのような事例を学ぶ機会もあるはずです。

　その考え方に対して、3方向コミュニケーションのとらえ方は「質問・指示」に対して、相手から「応答」を受けただけで終わりにしてはいけない、とするものです。応答があった後に、ベテラン教師にはもう一度「返す部分」があるといっています。3方向コミュニケーションというとらえ方では、その教師の返す部分を「KR」と呼んでいて、発問よりも応答よりもKRこそが大切で、コミュニケーションはKRを必ずするように意識させるべきだと考えられています。KRはKnowledge of Resultsの頭文字をとった語で、結果を知らせるというような意味です。よい日本語訳が見つかっていないために、KRという語が使われているようです。KRは教室のなかだけでなく一般の対話に普遍的に成り立つ考え方です。たとえば町なかで知らない人に道を聞いて教えてもらい、ありがとうなどと言って、謝意を示すことがありますが、謝意を示す部分がKRにあたります。

　第1の方向は質問や指示ですが、答えを考えさせる場合、発問と呼ばれることもあります。発問論と呼ばれる学問領域もあります。発問論の代表的な話題は、知らないことを考え出させる発問（ソクラテスの問答法）と暗記を再生させる発問（キリスト教の教理問答の方法）、そしてその使い分けです。第2の方向の児童生徒の応答については、教育実践の分野では、児童生徒に答えの言い方を指導する実践例が多数発表されています。そして第3の方向がKRというわけです。

「3方向」という語は誤解されやすい表現です。1番目、2番目、3番目の3つの方向を合わせて呼んでいる語なのですが、言葉の自然な語感では、3つの別々の方向に質問をするというふうに意味を取れないこともないからです。そのため、学校現場では「1往復半」のコミュニケーションという表現が使われている事例もあり、校内研修では「1往復半」という語で説明している場合もあります。

KRに注目すると、教師と児童生徒とのやりとりはかなり説明しやすくなります。KRによって、児童生徒は自分の応答を受け入れてもらえたと感じ、KRをしてもらえないと自分が無視されたと感じます。KRによって新しい知識が定着することもあります。

KRは児童生徒の心を揺さぶるものですので、注意が必要です。教える側と教わる側という立場の違いがあるため、KRの印象をとても強くすることが多く、児童生徒との対話のなかでたった一度発したKRで、その子から一生嫌われる、ということも起こりえます。

授業はKRの用い方によって児童生徒の様子に変化が生じます。児童生徒の解答に、教師から「間違っています」と言って、次の児童生徒を指すというKRは、児童生徒に指名されるのを嫌がる気持ちを生みます。「それはいい考えだね」と正解に飛びついても、やはり先生は正解を求めていると感じさせ、同様の結果を生みます。そのためまずは少なくとも中立的なKRを返すべきだと言われています。内容的に知的で面白い授業であるのに、し〜んと静まりかえった小学校6年生の授業を見たことがありますが、先生はいつも正解の子をほめるKRをすぐに返していました。

ほめるKRの返し方で、先生は正解を求めていると感じさせるということが示しているように、どんなKRを返せるかは教師自身の教育観、人生観、人間観など、自身の人格に関わっています。それは教師自身、自分がどんな人間であるかを見直すきっかけにもなります。以上を読んで、みなさんのなかには人格を磨くことが欠かせないということに気づいた人もいるはずです。いずれにしても、KRのような実践的な視点が学術的研究から生まれていることを知っておくことは、自身の実践家としての将来を広げることになります。

第3節　1人1言語の法則

1．バイリンガルの育成

　みなさんの身の回りには、日本語以外にもう1つの言語を自由に操っている人はいないでしょうか。多くの人は英語の学習で苦労しているので、自分もそう育ちたかったと羨ましく思うでしょう。2つの言語を自由に使い分け、2つの言語で考えることができる人たちのことをバイリンガルと呼びます。

　多くの場合、その人たちは両親の一方が日本人で、もう1人が日本語とは別の言語を話す外国人です。なかには両親とも日本人ではなく、日本語がほとんどわからない場合もあります。つまり身近に日本語でない言語を母語としてもっている人たちです。それに対して多くの日本人は日本語しか話せません。学校で英語を習い、受験勉強で英語に力を入れてもバイリンガルになれません。その人たちのことをモノリンガルと呼びます。

　こう書いてくるとバイリンガルは自分には縁遠いように感じる人もいるでしょう。ただ、方言を1つの言語と考えれば少し身近になるはずです。つまり、方言の使われている地域で育てば実は標準語と方言のバイリンガルに育っているのです。というのは日本の多くの地域では、家庭内、親戚の範囲では方言、学校では標準語という棲み分けをしているからです。それによって多くの人が方言と標準語のバイリンガルに育っているわけですが、そのことを自覚している人はほとんどいないようで、多くの人は自分がモノリンガルだと思い込んでいるのです。

　バイリンガルの人たちも、2つの言語のどちらも同等に自由に使える人が多いわけではありませんが、それでも多くは、通常の学校教育の言語学習では届かない高いレベルの言語能力をもっています。バイリンガルの人たちの脳内の情報処理のしくみはいまだよくわかっていないのですが、バイリンガルに育成する方法は「1人1言語の法則」という名称で知られており、20世紀初頭にフランスで発見されたといわれています。

　そもそも法則という語が何を意味するか、ということを考えることは興味深いことですが、ここではその方向に議論を進めず、法則とは、いくつかの事実

関係をもとに、将来どのようなことが起こるかをおよそ予測できるような、言葉で示されたしくみだ、といっておくことにします。

この法則は、1人の人が1人の子どもにいつも1言語で話しかけ、対応していると、子どもはその言語ができるようになるとしています。2人の人が相異なる自分の母語で話しかけ続ければ、子どもは2つの言語を習得するというのです。また、家庭と学校で違う言語を話すと、場所によって話し相手も違うため2つの言語ができるようになります。日本語と外国語の関係にかぎらず、方言の習得でも同様です。また日本人の幼児が海外に住んで、日本語を使わない現地の幼稚園や小学校に通うと、しばらくするうちにその地域で用いられている言語を習得します。それは日本人の長期海外駐在などで子どもによく起こることです。その時に、英語圏長期滞在で英語を習得させようと家庭内で英語で話す時間を設けたりすると、日本語の習得の方に大きな差し障りが生まれることもあります。

国際結婚をした両親の場合、2つの言語を家庭のなかで使用することが可能な場合が多いので、親がこの法則に従って子どもに話しかければ、ほとんどの場合バイリンガルに育ちます。したがって「1親1言語の法則」という言い方もされています。しかし法則に従わなければ、最悪の場合子どもはどちらの言語も習得できない、ということが含意されていることも重要です。両親が子どもの前で2つの言語を混ぜて話せば、どちらの言語も中途半端にしか習得できません。この法則の述べていることは、今の日本社会ではにわかには信じがたいことのようですので、親が2言語を混用して失敗した例は数多くあります。

2．誤った思い込み

1人1言語の法則が日本国内に浸透していないため、誤った思い込みが広がり、さまざまな実害が生まれています。実害を被っている多くは日本の小学校に通う外国人の子どもです。

以下に、日本語のできない両親がいる家庭に対して実害を及ぼしている誤った指導の例をあげておきます。「日本語」の部分を英語に置き換えれば、英語圏の国・地域に長期駐在する日本人家庭がよく陥る誤りでもあります。

①親も子どもと一緒に日本語を勉強すれば親子とも日本語が上達する。

②家庭でも日本語を使うようにさせれば学習時間が長くなって日本語が上達する。

③母語に日本語を混ぜて使うと日本語の上達が早くなる。

④2つの言語を用いるのは子どもの負担になるので止めさせた方がよい。

それらは1人1言語の法則とは相容れない思い込みなのですが、それがあたかも法則のように広がっています。誤りである理由を、次に掲げておきます。

①親と子は言語の習得のスピードが違うので、子どもの言語習得のブレーキになる。

②親と一緒に日本語で会話することで、文法的に正しくない日本語が身につき、発音の癖・訛りもうつってしまう、それに加えて子どもが親の使う言語を獲得する機会も奪ってしまう。

③複数の言語を混ぜて使うと、子どもは1つの言語で通して話すことができなくなり、場合によって言いやすい方の言語を混ぜて話すようになる。

④ある年齢までは、実は2つの言語の習得はほとんど負担になっておらず、事実に反している。

法則に反する考えが広がっているということは、その法則がどのようにして生まれたかを考えれば、とても興味深いものです。というのは、誤った思い込みももとをただせば、目の前に生起する同じ現実から発しているかもしれないからです。

では、なぜこの法則が日本社会では浸透せず、それどころか今でも法則に反することが行われているのでしょうか。それは、法則の語るところが、日常的な日本人の英語学習経験とかけ離れていることが主要な理由だと思われます。多くの日本人は、おそらく中学校での以下のようなささやかな英語学習成功経験に基づいて考えています。

①両親や兄姉に手伝ってもらって、苦手な英語もなんとかテストを乗り越えられたから。いくら英語学習に時間をかけても、日本語に悪影響が出たり、日本語を忘れたりすることがなかったから。

②英語を学習する時間を長くしたら英語の授業もなんとか乗り切れたから。

③日本語のなかに英語を混ぜて使って英語の単語を覚えたから。

④自身がとても苦しい思いをした結果、英語をある程度習得できたから。

以上に思い当たるふしがある人も多いと思います。

筆者は、誤った思い込みでバイリンガル育成に失敗したという例を直接聞いたことがあります。2019年9月のことですが、群馬県伊勢崎市立広瀬小学校で、日系南米人の若い外国人児童支援助手の女性から、自分はバイリンガルに育ったが、従弟はなれなかったというのです。

日本語教室で担当教諭と「家庭で母語と日本語を混ぜて話すとどちらの言語も伸びないことが多い」と話していた時でした。彼女が「ああ、だから従弟は日本語しかできないんだ」と声を上げて、筆者たちの話題に入ってきたのです。彼女は日本語とスペイン語の高度なバイリンガルの方でしたので、筆者は興味を感じて話を聞いてみたところ、こんな話をしてくださいました。

彼女の従弟は、両親が子どもを日本語とスペイン語のバイリンガルに育成しようとして、家庭で両方を混用していたのだが、うまくいかなかった。筆者の話を聞いていて混用が裏目に出たことがわかったというのです。一方、彼女自身の方は母親が両方の言語を使っていたものの、両親にバイリンガルに育てようという意図はなく、ただ父親がスペイン語しか使っていなかったのだそうです。

この法則は、経験から生み出されたいわゆる経験則です。心理学的に確認しようとするには、子どもを2グループに分け、法則に従った教育と従っていない教育とでどちらが有効かを実験するという方法が考えられますが、それは倫理的に許容されません。そのような実験をするとバイリンガルになれる可能性のある被験者の将来を犠牲にする可能性が高いからです。そのため次善の方法として、実際にバイリンガルになれた人の経験を探るという手間のかかる調査が必要になりますが、日本でそのような調査を大規模に行ったということも報告されていないようです。

誤った思い込みが広く存在しているとはいっても、2つの言語を混ぜて使う大人が子どもの身近にいると悪影響があることは、日本語教育に従事している人たちの間では経験的に知られ、共有されていると思われます。しかし、多く

の家庭では2言語混用がむしろ効果的な教育方法だという誤った思い込みが蔓延しているため、日本語教育関係者による、それを否定するアドバイスが必要な状況にあります。

　ただ注意しなければならないのは、たとえ親がそれを知っていても、実行するにはかなり強固な意志が必要だということです。つい子どもの前では子どもの話そうとする言語に合わせて話してしまう、ということが起こるのです。親は自身に対しては鬼になって、子どもの前では1言語でしか話さないことに徹することが必要なのです。助言にあたって注意しなければならないのは、子どもにとって苦しいことではないのですが、親にとってはかなり苦しいことだということです。ですから、この問題をよく知っている人たちが両親を励ますことが必要です。

　最後につけ加えておくと、1人1言語の法則だけでなく教育学の法則は、今後書き換えられることがありうるということも、教職を目指すみなさんには知っておいていただきたいことです。1人1言語の法則に関して言えば、標準語しか使えない筆者のような日本人が、琉球方言を学ぶ時にも1人1言語の法則に従った方がよいのかというような問題です。英語を学ぶ時とでは、何か違いがありそうに思うのですが、どうなのでしょうか。日本語は琉球方言と本土方言という二大方言に大別され、相互に相当異なっていますが、非常によく似た文法構造をもっています。それに対して、英語は、言語という観点で見れば、文法も発音も表現方法もまったく異なっています。1人1言語の法則には将来その視点が入ってくるのかもしれません。

　本章で述べてきたことは、教える方法・技術に、定型や法則とされているものがあっても、それが適切かどうか常に意識し、必要に気づけば更新していかねばならないということでもあります。したがって教師は学び続けなければならないのです。しかしそれ自体は特別に大変なことではなく、自然体でできることだということに留意してほしいと思います。理論と呼ばれるものが変化していなくても、日々学校でたえず新しいことに出逢い、次はどうしようかとわくわくしながら考えるのです。それは教師という職業の魅力でもあります。

（所澤　潤）

【さらに学びたい人のために】

中島和子（2016）. バイリンガル教育の方法――12歳までに親と教師ができること――（完全改訂版） アルク：バイリンガルとはどのような人たちか、どのようにしてバイリンガルが生まれるのか、さらにカナダの公立小学校でバイリンガルを育てるためにどのようなことがなされているか、など、理論と実践についてわかりやすく論じられています。

パッツィ・M.ライトバウン、ニーナ・スパダ、白井恭弘・岡田雅子訳（2014）. 言語はどのように学ばれるか――外国語学習・教育に生かす第二言語習得論―― 岩波書店：第1言語と第2言語の比較から始まる入門書です。最後に言語学習に関する通説の再考が行われています。同書の用語解説では、バイリンガル教育として生徒が2つまたはそれ以上の言語で教えられる学校教育としていますが、上記『バイリンガル教育の方法』の著者、中島和子氏は、バイリンガル教育とは、バイリンガル育成を目標とした教育であり、単に2つの言語で学ぶ教育ではないという立場ですので、講読には注意が必要です。

·················· コラム3：古老の昔話を聞く ··················

　地域の方から昔話を聞くと、教材化できそうなエピソードが出てくることがありますし、目からうろこが落ちるような歴史に出会うことがあります。学校は地域の中核の1つですので、創立記念行事などで、昔話を聞くチャンスがあると思います。

　私は、群馬大学教育学部同窓会の会長・吉岡隆二氏を、2001年に大学の教養課程のゼミにお招きして思い出話を聞き取ったことがあります。いわゆるオーラルヒストリーを作るためのインタビューです。1915年に群馬県の黒川村（現富岡市の一部）で生まれた方ですが、こんなお話がありました。

　生まれた当時、前橋は糸の町、桐生・伊勢崎は機の町と言われていたそうです。自分の家は養蚕農家で、蚕を飼っていたという話が出てきました。家の近くには元官営の製糸工場があり、明治から昭和初年にかけては、「娘が3人いれば蔵が建つ」と言われていたということでした。製糸工場で女工として働く娘の収入はそれほど高かったというのです。

　製糸工場といえば、中学校の教科書には富岡製糸場が出てきます。明治初年に官営工場として設立され、日本の繊維産業の基礎になったということです。

　しかし、私は中学3年の時に細井和喜蔵著の『女工哀史』を読み、換気の不十分な工場で過酷な労働をさせられ、繊維の粉で肺病を病む若い女工さえいたというイメージをもちました。明治のはじめにつくられた工場が、大正時代になると、そんな劣悪な工場に変わってしまったのか、と不思議に思いました。以来、最初は立派な工場も、明治の終わり頃になると実態はひどいものになり、哀史を生み出したのだろうとばかり、思っていました。

　地元の古老である吉岡氏から昔話を聞いてはじめて合点がいったのです。製糸工場も全国でさまざまだったのです。富岡の地域では、自分の娘を積極的に工場に出してもよいと考えるレベルの労働環境があったのです。中学校で疑問を感じてから30年近く経ってのことでした。

　富岡製糸場は今や世界遺産となり、群馬県の誇りとして語られていますが、私は、古老の話を聞いたことから、今ではそのことを違和感なく受け止められています。

　全国各地に伝わる思い出話を発掘し、学校を通して継承させることも、教師として現場で働く魅力の1つです。

（所澤　潤）

参考文献
吉岡隆二・所澤潤・佐藤久恵（2003）．大正・昭和初期の群馬教育の思い出　群馬大学教育実践研究
　20．なお、この続編（2004）には、第2章冒頭のエピソードが語られています。

Chapter 8

言語を教える

> 　筆者がたまたま入ったパン屋で目にした場面です。英語圏のお母さんに、小学校低学年らしい娘が調理パンをさして、これを買いたいと言ったところ、お母さんが「I don't like something in it.」と言ったのです。結局買わなかったのですが、その会話のようすは活発な女の子と考え深いお母さんといった感じでした。でも、日本人なら「なんか入っているものがおいしくないのよね。」などと言いそうです。日本語ではI（私）を主語にしてこんなことを話すことはありませんし、something in itのように「その中の何か」という論理性を明示することもありません。言語には考えるための道具、という機能もあるのかもしれませんが、言語あっての思考かもしれません。本章ではその微妙さを踏まえて、言語は思考の「媒体」だという表現を使うことにします。
>
> キーワード：生成AI、日本語教育、母語、第一言語、第二言語、バイリンガル、手話、古文、漢文、方言、英語教育、オーディオリンガル法、コミュニカティブ法、一条校

第1節　日本の言語教育

　教職に関心をもった人に読んでもらう本書で言語教育を取り上げるのは、学校教育の多くの部分で言語が対話の媒体、自己表現の媒体、伝達の媒体として用いられるからです。言語は周囲とのやりとりで身につくものですが、やりとりの担い手の多くは教師です。ですから教職を志す人たちは、教科の枠なしに言語教育について理解しておく必要があります。

　本章では対話型生成AIにも言及しますが、それは言語教育の状況に変化を引き起こしつつあるからです。人並みに自然言語を発話するAIは、その機能を使って人に教育内容を教えることも、第6章第1節で述べた「支援する」こともできます。言語を教えることもできるのです。教師になろうとする人は、それに備える意味でも言語教育についての基本的知識が必要です。

みなさんが学校に勤めれば、国語科、英語科の免許のあるなしにかかわらず、児童生徒と国語や外国語で対話する機会があります。それに加えて国語と区別された「日本語」に出逢う可能性もあります。

　1970年代から広まり始めた**日本語教育**は、これまでのところ国語教育や英語教育から学ぶところは多くても、日本語教育の側から与える影響は比較的小さなものでした。特に国語教育と日本語教育は同一の言語を対象にした教育であるにもかかわらず、影響は一方的でした。国語教育は年齢相応に日本語を身につけている子どものための教育であり、比較的整合性の高い内容です。それに対して日本語教育のほうはそうではない子どもたちが対象で、教育内容も手探り状態が続いたのです。外国人の子どもたちだけでなく、保護者の海外出張等で日本語力が十分でなくなった子どもたちにも行われています。

▌ 第2節 ┊ 習得レベルによる言語の分類

　言語教育の理解を容易にするため、習得言語の分類、つまり**母語**、**第一言語**、**第二言語**の別、また**バイリンガル**や**ネイティブ**という語の要点を説明します。

　母語とは、子どもが誕生後最初の言語環境で習得する言語のことです。英語のmother tongueを翻訳した言葉で、母親の言語に限定されるわけではありません。将来は父語、家庭語、家族語などという語に置き換わるかもしれません。

　第一言語とは、ある個人が社会生活を送る上で最も基本としている言語です。したがって、思考を形成する媒体、思考を展開する媒体、思考を深める媒体等（以下では「思考の媒体」とまとめます）になる用語です。

　第二言語とは、第一言語が通じない社会環境で生き抜くために習得した外国語です。海外に移住したり、滞在したりする場合などに必要となります。

　バイリンガルとは、2つの言語が母語あるいは第一言語となっている人のことです。ただし両言語のレベルの違いを定義にどう反映させるかにはいくつもの見解があるのですが、本書では触れません。ネイティブとは家庭教育などでその言語が幼少期から自然に身についた、というような意味です。

　通常、言語の微妙なニュアンスが識別でき、文章表現が美しいなどと感じる

第2節　習得レベルによる言語の分類　　*81*

ことができるのは、第一言語です。思考の媒体として、未知のことや新しいことを取り扱えるのも、やはり第一言語ですが、母語や第二言語もその役割の一端を担うことがあるようです。第二言語にも思考の媒体という機能は備わっていると筆者は考えています。日本国内では、日本語で育っている子どもは、母語も第一言語も日本語です。そしてネイティブです。

　聴覚に障害のある子どもは**手話**で会話をし思考している例が多くあります。現在日本全土で通用している手話は２種類ですが（別に特定の地域の手話もあります）、そのうちの１つが言語として独立しており、「日本手話」と呼ばれています。多くの場合母語と第一言語が日本手話、第二言語が日本語となります。したがってその子は日本語の読み書きができていても、日本語力の向上については手厚い合理的配慮が必要になります。もう１つの手話は日本語に対応させて成立しており、「日本語対応手話」と呼ばれることが多いようです。

　日本では、ほかに少数民族の独立した言語としてアイヌ語があることも付け加えておきます。

　両親が日本人であっても、出張等で外国の滞在が長かった子どもの場合、母語は日本語でも、第一言語が外国語になっている例があります。

　また、現在多くなっている外国人の子どもは母語が日本語でないことが多いのですが、両親が２つの言語を第一言語として使用していれば、２つの言語がどちらも母語になっていることもあります。日本の公立学校に就学している場合、原則として日本語が第一言語になるように教育されています。

　バイリンガルの場合、高度なレベルの人は、２つの言語を相互にほとんど翻訳せずに自由に使いこなせ、どちらの言語も思考の媒体となっていて、どちらでもほとんどの知的活動をこなせます。両方を意図的にまたは無意識に切り換えることもできます。スイッチングと呼ばれます。ただし多くは話す、聞く、書く、読むという４技能のうちの一部だけが高度のバイリンガルです。両親の母語が違う場合、第７章第３節で述べたように特別の教育方法を忠実に実施すれば高い確率でバイリンガルに育つことが知られています。

第3節 国語教育と方言

　学校教育で国語科として教えられているのは話し言葉と書き言葉と、それから古文と漢文とですが、思考の媒体としての条件を満たしているのは、話し言葉の日本語と書き言葉の日本語です。

　ただ、話し言葉に目を向けると、標準語（地域によっては共通語という呼称が用いられています）は、明治時代から国内の話し言葉を統一するために主に東京の方言をもとに形成されたものです。通常は標準語が第一言語となるように教育がなされますが、方言は、ある意味ほとんどの日本人の母語ですので、思考の媒体としての言語になっている人もいます。

　授業には、子供の思考力を育成するという大きな使命がありますので、教師は授業言語で方言をどう扱うか、無意識のうちに判断しています。標準語しか使っていないと一般に思われている東京でも、必ずしも標準語で授業をしているわけではありません。

　本章を執筆している時点で（2024年）、筆者には、東京の山の手地区の公立小学校で1年生の算数の授業を参観する機会があったのですが、若い担任の先生はスクリーン上で牛と馬の頭数を比較していました。まず口頭では「何頭多いいですか」と「いい」の部分を少し高い声で強調して質問し、スクリーンには「なんとうおおいですか」と書いて、それを読む時にははじめの質問と少しイントネーションを変えて「おお」（多）の部分を少し高めの声で読んでいたのです。話し言葉では「多いい」、書き言葉では「多い」でした。話し言葉で思考を教え、その思考過程を標準語の文に落とし込む方法を教えていたと解釈できます。

　授業言語の選び方は地域によって共有されている認識が違います。多くの地域では、小中高等学校の授業言語は標準語ですが、大阪では多くの学校で授業言語が方言となっています。

　書き言葉には現在話し言葉にあるような男女の差がほとんどありません。また、終戦まで公文書や法文で文語体が多く使われ、ほかに手紙を中心に「候文」という文体が使われることも頻繁でしたが、今は使われていません。書き

言葉では男女差も文語体も候文も淘汰されたのです。

　話し言葉は、母語である方言と標準語との二重構造になっていますが、書き言葉は原則的に標準語しかありません。ただ、方言には生活に根付くさまざまな事象を細やかに表現できるような語彙や表現法が内包されています。つまり標準語の書き言葉の表現力をも豊かにする可能性があるばかりでなく、思考の言語としての機能も有しています。言語は現場のやりとりで形成され洗練されていきますので、教師はその書き言葉を鍛え上げていく役割を担っています。そして話し言葉も書き言葉から影響を受ける、という往還関係が発生しています。

　方言を独立した言語と見做せば、多くの人は方言と標準語のバイリンガルだといってみてもいいでしょう。ほとんどの日本人の母語はそれぞれの方言で、標準語は第一言語だということもできます。方言が第一言語レベルになっている人たちも多数いて、その人たちは２つの第一言語を使い分けています。

　古文・漢文に目を向けると、今の中等教育の学校ではいずれも読解を中心に学んでいます。そして、それに加えて現在の出来事との関係性から古文・漢文の内容を理解していく立場の授業と、単語と品詞分解と文法の解釈を通して文章内容の深い解釈へと発展させる立場の授業とがあります。いずれも初見の文章が読めるようになることは期待されていないように思われますが、大学入試の現実は初見の文章を読解できなければ高い点数が取れませんので、受験生は高等学校教育で期待されているのとは異なる次元の勉強をしている実態があるように思われます。現在古文を生成する力が必要とされているのは、わずかに短歌、俳句や、〜べからずなどの標語を作るときだけのようです。

　念のために付け加えると、終戦までは中等教育では古文も漢文も思考の媒体となり得るレベルの教育を実施していました。当時は法令や公文書作成に、文語体や漢文の新しい文章を生成する力が必要だったからです。明治初年、李氏朝鮮など東アジアとの外交文書に漢文で書かれたものもありましたので、近代学校制度形成期に漢文が現実的に必要なものだったことも影響していたようです。

第4節 英語教育の改革

第二言語という考え方を用いると、学校の英語教育は、第二言語の獲得を目指そうとしているらしいということに気づいた方が多いと思います。ただ、最近まで第二言語という考え方は広く知られていたわけではなく、文章を読解することと和文英訳とに重点のある授業がひろく行われていました。

中等教育の英語教育は現在抜本的な改革がなされつつあります。それは、文章読解重視の英語教育から会話重視の英語教育への移行なのですが、会話という側面で言えば、オーディオリンガル法からコミュニカティブ法への移行だと理解できるものです。その改革の基盤には、言語は本来思考と切り離せない媒体だという理解が存在しています。それを具体化する施策として現在実施されているのは、1．英語教育の早期化と2．授業言語の英語化です。

1．英語教育の早期化

早期化は、2008年告示の小学校学習指導要領から5、6年生に「外国語活動」が週1時間割り当てられて始まりましたが、2017年告示版では5、6年生に「外国語」が週2時間割り当てられ、3、4年生に「外国語活動」週1時間が割り当てられています。地方自治体によって1年生から週に2時間程度設けているところもあります。外国語はほとんどの学校で英語となっています。

小学校英語教育は、歴史的に見ると1896（明治19）年から1908（明治41）年まで、5年次以上で実施されていました。選択科目といっても、学校で開設するかしないかということが選択で、開設されると全員が受けていた場合が多かったようです。当時は義務教育が4年制だった時代で、5年目からは義務教育でない高等小学校という制度でした。ですから単純に現在と比較はできないのですが、週に4時間以上が多かったようです。1908年に義務教育を6年間に延長した際に、義務の6年間は英語を教えないことになりました。

筆者はその英語教育があったことを覚えているお年寄りから思い出を聞いたことがあります。母親の郷里が和歌山県の紀の川流域なのですが、まだ筆者が小中学生だった1960年代には、その地域の何人ものお年寄りたちから自分より

年上の人たちを羨むこんな話を聞きました。自分の兄や姉は小学校で英語を習っていたから英語が少しできたが、自分が小学校の時代はもう英語教育がなくなっていた、と言うのです。当時、小中学生だった筆者はそんなこともあったのか、と思った程度でしたが、都会地に多かったにしても全国的に浸透していたことは確かなのです。

2．授業言語の英語化

　授業言語の英語化とは高等学校の英語の授業は、文法説明のようなものを含めてすべて英語で行うということです。2018年告示の高等学校学習指導要領に明記され、実施されています。教室を英語の空間にして、繰り返してコミュニケーションさせるという考え方です。

①　オーディオリンガル法

　従来、多くの学校の英語は、品詞分解をして日本語訳をしながら、文章を読み解くということに多くの時間を使っていましたが、会話が大切だということで会話の時間も設定されていました。ただ最近まで主流だった方式は、1950年代に米国から世界に提唱されたオーディオリンガル法で、それが日本人の会話学習の妨げになったとみられています。行動主義心理学の考え方に基づいており、質問という刺激（Stimulus）を与えると、それによって回答となるべき反応（Response）が生まれる、というS-R理論にそったものでした。刺激と反応を繰り返し、無意識にでも回答できるように強化しようという考え方でもありました。

　学校現場では、その考え方に2つの考え方が結びつきました。①頭にインプットされた英語表現しかアウトプットできない、②インプットされたものを用いて反射的に応答させる訓練が会話に有効である。それらに高校・大学受験対策が加わったため、特に和文英訳が英語表現の正誤で判定されることへの対策として、誤りのない例文を何百も暗記するという学習法が広まりました。

　オーディオリンガル法全盛の1970年代、筆者は中学校・高等学校の生徒でしたが、中学校の英語の授業の会話練習の部分はだいたい次のように機械的なやり方で行われていました。頭はまるで思考する機能のない箱のようです。

中学校の英語の授業の冒頭ではあいさつの練習をしました。

「授業開始の時にはこのように挨拶しましょう。How are you?　と聞かれたら　Fine, thank you. And you?　と決まった文句で答えなさい。」言い間違えないように授業のたびに練習させられました。いずれも反射的な同じ応答を毎回させるものでした。この挨拶は海外で通じることは通じるのだそうですが、思考過程を排除する訓練であるためコミュニケーション力を育成できません。

そして、会話の練習と称してこんなことをします。

教師は、教室の前の座席から順に生徒に「Do you have a sister?」と質問し、生徒は順に「Yes, I do.」、「No, I don't.」と交互に即答するのです。パターンプラクティスと呼ばれる方法で、質問のほうも you を she や they に変え、男女、複数単数、時制などによって変化する文型を発話できるようにしようとしたのです。事実と対応させずに返答をさせるもので、自分に姉妹が何人いようと1人もいなくてもおかまいなしでした。

②　コミュニカティブ法

授業言語の英語化の背景にあるコミュニカティブ法は、海外から日本に導入されました。同法がオーディオリンガル法と根本的に違う点は、対話によって学ぶという考え方です。

コミュニカティブ法は、学習者が間違ってもよいから発話して、相手の対応に合わせて会話を続ければ、自然に誤りは修正されていくとしています。そんな大雑把な方法で学習が成立するのか、と気になる人も多いでしょう。間違ってよいとは、応答の準備に時間をさくなということですが、具体的には例文を想起したり、文法的正しさを追求したりする余裕がないようにする、ということになります。それは、英語で思考する練習の端緒とみなすことも可能です。

従来のオーディオリンガル法でも、対話の訓練がなされましたが、上例のように、思考や相手とのコミュニケーションを伴わない反射的反応の訓練が中心でした。しかし、そもそも無限のバリエーションのある日常会話を、反射的な反応の積み重ねで習得するには、週に3，4時間程度の授業時間のごく一部に設定された英会話の時間ではあまりにも足りないのです。しかも、その一方で、1点を争う入試の対策として、読解と文法・作文では正確な解答ができるよう

にと、補習などで微に入り細をうがつような緻密な指導が為されていました。

　現在、多くの小中学校にALT（Assistant Language Teacher）が配置されていますが、それは準備をしない会話の話し相手になり得る存在です。もし学校が、生身の話し相手となり得るALTを単なるスピーカーとしてしか利用していないとしたら、宝の持ち腐れといってもよいでしょう。

③　学校教育を越えた改革の登場

　英会話は、英語が必要な環境のなかで英語を使用する経験があれば向上することから、東京ほか一部の県では、英語圏の国での日常を日本国内で模擬的に経験できる「英語村」という教育施設が設けられています。英語村の教育効果が十分に確認されれば、全国の各市町村に同様の施設が設けられ、英語教育のしくみを根本的に変える可能性があります。

　しかし、保護者の中には、その程度の改革しかしない日本の学校教育に見切りを付ける人たちが現れています。就学義務違反さえ覚悟してアメリカンスクールや中華学校などに子どもを入学させるのです。それらの学校の多くは学校教育法第１条に規定される学校（「一条校」と略称されます）に認定されていません。そのため中学校、高等学校、大学への進学には検定試験などを受けないとなりません。にもかかわらず、保護者はアメリカンスクールで英語を、中華学校で中国語を学ばせたがるのです。日本文学、日本史、日本国憲法などは外国のものとして学ぶだけになりますが、保護者は「それでもよい、大学は海外へ」と考えるのです。

　もちろん日本の学校でなんとかならないのか、と考える識者や保護者はたくさんいます。それに呼応してほとんどの科目を英語で行う私立の学校がいくつも設けられています。私立といってもなかには県市町村が出資している学校もあります。設置認可にあたって教科書は検定教科書の英語翻訳版を用い、国語や道徳などは日本語で行うといういくつかの制限が掛けられています。いずれの学校も学校教育法の一条校の１つとして認可されています。現行の学校教育法に授業言語の指定がない、という制度上の隙をついた格好になっています。公立校では2024年５月現在、全国で少なくとも１学級が設けられています。

第5節 新しい展開

　日本語教育と対話型生成AIが、日本の言語教育全体にじわじわと影響を与えていますので、それぞれにおける重要な点に注目しておきます。

1．日本語教育

　日本語教育はコミュニカティブ法を導入していますが、前節でふれた英語のコミュニカティブ法への転換は日本語教育の影響ではなく、世界的な言語教育の趨勢から同時的に影響を受けたものです。

　影響はむしろ文法の考え方についての転換にあると思われます。日本語教育では、日本語文法が国語文法に代わって用いられるようになったのです。日本語を習い始めたばかりの時から話したり書いたりするときに役立つ文法です。中学校で学ぶ動詞の五段活用、上一段活用、下一段活用といった国語文法は、日本語が使えるということを前提としたものであるため、日本語を学び始めたばかりの人には負荷が大きすぎるのです。

　そこで国語の口語文法に代わる教え方が研究され、日本語文法が整備されて来ました。例えば動詞と動詞は助詞「て」でつなげられるのですが、その時の動詞の活用形を「て形」（てフォーム）と呼んでいます。「買ってきた」「話している」「話しておく」「済んでいる」などです。それは活用表を覚えていなくても活かせるものです。また形容詞と形容動詞は「イ形容詞」と「ナ形容詞」という新しい品詞名で呼ばれています。

　日本語文法の出現は、そのような学ぶ負荷の少ない英文法も作り出せないのか、という考えを、日本語教育に関心を持った人たちに生み出しています。

2．生成AI

　対話型生成AIの衝撃は、人間とほぼ同等に言語を生成する機械が生まれたことだけにあるのではありません。言語習得は、膨大な量の文章を読み込めば可能だという事実を目の当たりにさせたことにもあります。

　対話型生成AIは、言語教育のあり方に疑問を投げているといってよいでし

ょう。第4節で言及した、準備を不要とする対話練習の考え方と連動して、単なる文例丸暗記とその再生という学習法に疑問を投げるものです。というのは、あれほどたくさんの文章を読み込んで覚えなければならないのであれば、通常行われる文例暗記程度では、使いものになるレベルの言語習得には決して到達できないからです。赤ちゃんは言語を習得するときそんなにたくさんの文章や会話に接しているはずはないと思われるのですが、なにかを学んでいることは間違いありません。それが何なのかを探りながら、対話型生成AIの開発は進められているのです。

　対話型生成AIは、教育関係者にもう1つ衝撃を与えています。言語指導のインストラクターにもなれそうなのです。そのインストラクターには、近いうちにスマホなどのIC端末を介して誰でも容易に出会えるようになります。古文では会話や作文をしたり和歌を作ったりし、漢文では作文をしたり漢詩を作ったりするというインストラクターも生まれます。

　現在の古文・漢文の授業は、会話が重視されていなかった時期の英語教育の英文講読の方式にかなり近いものです。英語の方は、必要にせまられてそれなりに会話重視への転換がはかられてきたのですが、古文漢文では会話の必要性がないと見做されて、言語能力ではなく、むしろ文化的側面の理解を目指す指導法が追究されてきました。ただそれが幸いして、現時点の生成AIには手が届かない教育を、人間である教師が行うことができるともいえます。近い未来であれば生成AIを活用しながら、生徒が教師と一緒に古文・漢文の文章を作っていこうという実践も生まれることでしょう。しかし遠い将来は予想がつきません。

　付記　助言を下さった志賀幹郎氏（電気通信大学准教授）に感謝します。執筆にはJSPS科学研究費（No.21H04414）の成果を使用しています。　（所澤　潤）

　　　【さらに学びたい人のために】

鈴木孝夫（1990）．　日本語と外国語　岩波新書：日本語の特性を、諸外国語との対比を参考にしながら抽出し、理解を進めていく。漢字の利点を主張する立場の著者の言語観の一端を知ることができる。

パッツィ・M.ライトバウン、ニーナ・スパルダ、白井恭弘・岡田雅子訳（2014）．　言語はどのように学ばれるか——外国語学習・教育に生かす第1言語習得論——　岩波書店：第7章末の説明を参照のこと。

教育を保障し、補償し、保証する

　筆者がかつて同僚の教授から聞いたところでは、知りあいの小学校の先生が、担任している子に、毎朝朝食を用意して学校で食べさせていたというのです。教師が自主的に行っているのですが、その子に教育が成り立つように配慮しているといってもよいでしょう。そのことを、筆者は以前、小学校教員の免許を取るための通信教育課程のスクーリングで毎期話していました。毎期百人以上の受講者のなかから、「自分が補助員で入っている小学校で、そのような場面を見たことがある」、という発言がたびたびありました。レポートに「自分もそのような子を教えるようになったらどうしよう、と思っていましたが、今日の講義で、自分もやってよいのだと安心しました」と書いた方もいました。このことは、教育を保障している事例ともいえますが、制度化すると教師の行為が教育価値をもたなくなるため、行政的には対応困難な問題です。
キーワード：特別支援教育、義務教育、手話、スポーツ大会、サラマンカ声明、インクルーシブ教育、夜間中学、夜間教育、教育機会確保法、フリースクール、外国籍の子ども、本土復帰

第1節　保障と補償と保証

　本章では、日本の障害児に対する教育の保障の歴史を略述し、十分な就学ができなかった人を対象にしたいわゆる夜間中学を取り上げ、さらに制度の不備が引き起こしている事例、そして過去に起こった事例を紹介します。

　まずは、教育を保障する、補償する、保証するの意味です。本来受けるべき教育を、必ず受けられるようにすることが「保障」。比較的よく使われます。「補償」は、達成されなかった時に補ったり埋めあわせたりする教育です。「保証」はその質を担保するように責任が伴うものです。たとえば高等学校で法令に反して必修科目の授業が行われていなかった場合、高等学校教育の質を「保証」するため、卒業後に臨時に適正な授業を開講して履修させ、授業を補充す

ることもあります。文献や資料などには三者を「保障」で一括しているものも
あります。筆者は本章を記述していて、その分類に多少の迷いを感じています
が、みなさんもそのような感じをもった場合は、これから教職課程で学ぶ時に
その違和感を吟味するようにしてください。

　いずれにしても、法制度の裏付けだけでなく教師による努力、関係者たちの
努力も必要です。本章ではそのような努力も含めて取り上げます。

▌第 2 節 ┊ 特別支援教育への展開

　現在、障害児の教育保障は**特別支援教育**に一括されていますが、かつては視
覚障害児、聴覚障害児、知的障害児、肢体不自由児に分けて考えられていまし
た。現在の特別支援教育は、それらに加えて発達障害や言語障害、心理的な要
因に起因する情緒障害なども対象となっています。

　ただ、視覚障害児、聴覚障害児、知的障害児、肢体不自由児は、1886年公布
の小学校令で**義務教育**が導入された際就学免除の対象とされ、長い間教育が保
障されていませんでした。理解が広がるにつれ学校が少しずつ増設されてきた
のですが、義務化が実施されるのには時間がかかりました。義務化するほどの
体制がなかなか全国に用意できなかったのです。

　戦後の学校教育の基本法規である学校教育法は、1947年の制定時から盲学校、
聾学校、養護学校、特殊学級を明確に位置づけていました。しかし義務化は遅
れ、盲学校及び聾学校は1956年には就学義務を完成させたものの、知的障害児、
肢体不自由児の教育は1979年から就学義務の対象となりました。

　また日本では長く、通常学級との共学ではなく別学のしくみがとられていた
ことに目を向けてください。1990年代に共学へ方向転換し、教育理念に根本的
変更がありました。さらに2007年 4 月から「盲学校、聾学校、養護学校」はい
ずれも「特別支援学校」という同じ名称をもつように改められ、上記のように
対象が拡張されました。

　義務教育という点では制度整備が進んでいますが、今もさまざまな課題が提
起されています。たとえば多くの聴覚障害児の学校では**手話**を用いず、聴覚口

92　　第 9 章　教育を保障し、補償し、保証する

話法という方法で授業をしています。そのことに対して聾者の言葉である手話を用いなければ教育を保証できないという批判も広く存在し（第6章第2節）、私立の明晴学園（小中学校）は手話を第一言語（第6章第2節、第8章第2節参照）として授業を行っています。

　課外のスポーツ活動は障害者スポーツが普及しつつある一方で、普通学校の部活動が中心となっている**スポーツ大会への参加**がさまざまな配慮と試みのなかで模索されています。そのなかでも聴覚障害児のための学校である沖縄県立北城ろう学校が1983年の夏の高校野球沖縄県大会に、また知的障害児のための学校である東京都立青鳥特別支援学校が2024年夏の高校野球西東京大会に正式出場したことは大きな話題となりました。

　1994年6月にスペインのサラマンカで、ユネスコとスペイン政府の主催する国際会議が開かれ、いわゆる「**サラマンカ声明**」が採択されています。特別なニーズをもつ子どもに対する教育のあり方に、**インクルーシブ教育**という方向性を示したものです。インクルージョンは包み込むという意味で、なんらかの障害のある子どもや少数民族の子ども、つまりマイノリティを社会に包摂するという意味で使われています。その形容詞形を使ったインクルーシブ教育は、障害の有無や国籍、性別などにかかわらず、あらゆる子どもが同じ学級でその子どもにあった方法で授業に参加できるように、環境を整えた上で行われる教育です。この声明は、外国人児童生徒の教育を特別支援教育の枠組みで扱うという方向性を生み出したことでも重要です。

　なお、現在、日本では特別支援学校／特別支援学級／通級支援教室が義務教育段階の学校に設けられていますが（第6章第2節）、国際連合の障害者権利委員会は2022年9月9日、障害児を分離した特別支援教育の中止を求めた勧告を日本へ発表しています。ただ、欧米諸国には学校に通わせず、家庭内等で義務教育を実施することが可能な学校制度が設けられているのに対して、日本では1941年の国民学校令制定（小学校教育の制度）以来、今日に至るまで義務教育は公教育の学校で行うことが原則となっています。義務教育として通学以外にさまざまな代替的な教育方法が用意されている諸国とは事態が異なっていることに注意を向けなければなりません。

第2節　特別支援教育への展開

第3節　教育機会確保法の制定

1．夜間中学

　みなさんは夜間中学という名称を聞いたことがあるでしょうか。みなさんが公立中学校の教員となった場合は異動先となることもある学校です。

　夜間の高等学校、つまり定時制の高等学校については、多くの人が知っているでしょうし、全日制の高等学校が就学期間3年間であるのに対して、就学期間が4年間だということを知っている人もかなりいるはずです。高等学校の定時制は勤労青年に対して、学校教育を保障するために始められたものです。ただしその後入学者はかなり変化して今日に至っています。

　夜間中学は事情がかなり違います。夜間中学には、必要に迫られて法整備が不十分なまま設けられるようになったという歴史的経緯があります。1947年に義務教育が6年間から9年間に延長された時、新制中学校相当の教育を十分に受けられていなかった人たちのために開設されたのです。当時の日本には、元の海外領土から敗戦の混乱のなかで教育を受けられずに日本本土に引き揚げてきた人たちが多数いて、その人たちに教育機会を保障し補償することも必要だとひろく考えられていました。全国夜間中学校研究会の調べによると、ピーク時の1954年には公立89校がありました（2019年4月21日のNHK朝のニュース）。

　夜間中学がその時点の応急的対策として成立したことは、「二部授業」の制度を根拠にしていることにみてとれます。二部授業とは戦後のいわゆるベビーブームの時に児童生徒が増えすぎ、学校に収容しきれなくなって、午前午後などに分けて授業をしていた時の制度です。法律を巧妙に運用した暫定的な学校と理解され、公立中学校のなかに「夜間学級」などの名称で設けられました。国による法的な整備がなされないまま実態が進行したため、国の方では、1966年に行政管理庁（現在の総務省行政管理局）が文部省（現在の文部科学省）や労働省（現在の厚生労働省）、警察庁に対して、夜間中学を早期廃止するよう勧告さえしています。現場の必要にせまられて設置運営を担ってきた地方自治体が国と対立する状況を法の不備が生み出していたのです。

　夜間中学は、地方自治体、携わっていた教師や関係者の使命感と熱意に支え

られて運営されてきたといってよい状況にありました。しかし、1970年代になると、日中国交回復により、終戦時に中国に残留した日本人孤児の帰国定住事業が行われ始め、その存在意義が再認識されました。日本語ができず日本の教育を受けたことのないまま、学齢を過ぎた人たちに、教育を保障し補償する機能をもつようになったのです。

2．教育機会確保法の制定

　2016年12月に「義務教育の段階における普通教育に相当する教育の機会の確保等に関する法律」、略称「**教育機会確保法**」が制定されました。同法は、不登校の人や、学齢を超えたが学びたいという人に学びの場を確保するための法律で、教育対象は2つの類型に分かれています。

　1つは中学校の卒業証書はもらったものの、実際には十分な教育を受けていないため中学校で学び直すことを希望する、いわゆる入学希望既卒者です。その多くは中学校段階で不登校だった人たちですが、文部科学省の統計で2023年度現在、小中学校で34万人余にのぼっています。現在の日本の学校制度では、在籍していて所在も確認できていれば、1日も学校に登校していなくても校長判断で卒業証書を得ることができます。そのため中学校卒業扱いになっていても、仕事に就いてから自分の学力不足に気づき、夜間中学に通う人もいます。

　もう1つの類型は外国人です。日本に住む外国人は現在急速に増加していますが、学齢を超えた年齢の人たちのなかには、日本の前期中等教育を受け、中学校の卒業証書を得ることを希望する人たちもいます。学齢児であれば、小中学校が受け入れるのですが、学齢を超えていた場合、中学校では原則として受け入れないため、夜間中学がその受け皿になっているのです。

　前述のように多くは関係者の熱意がなければ廃止になっていたかもしれない夜間中学ですが、その熱意は、ボランティアの教職員が運営を担う、いわゆる自主夜間中学も生み出しています。自主夜間中学は、学習指導要領にとらわれずに指導ができるという利点があるといわれていますが、卒業証書を発行できなくても需要があるということは重要です。各県1校程度の夜間中学ではとても不足をまかないきれない現状を補うものでもあります。

第3節　教育機会確保法の制定

教育機会確保法は夜間中学の設置を促すもので、2016年の法律制定時には、8都府県31校でしたが、法律制定が国と運営を支えてきた地方自治体や教員との対立関係を克服することになって増設が始まり、2024年4月現在では18都道府県13指定都市計53校になっています。制定当時の松野博一文部科学大臣が各都道府県に最低1校はほしいと発言したことも影響していますが、同法は教育の保障と補償に大きな役割を果たしています。

　同様に教育の機会を補償する役割を担っている**フリースクール**にもふれておきます。夜間中学、自主夜間中学と並んで、不登校者などの受け皿として存在しており、やはり関係者の熱意で成立しています。2017年4月現在で、フリースクールは全国に450校以上あるといわれています（2017年4月17日NHKの朝のニュース「けさクロ」）。フリースクールは小中学校の卒業証書は発行できず、フリースクールに通っていても在籍している小中学校の卒業証書を受け取ることになります。同法制定の翌年である2017年には、文部科学省はフリースクールと自治体の連携を促す考えも発表しています。

▎第4節 ┊ 外国籍の子どもたちのための教育補償

　現在増加し続けている外国籍の子どもたちの教育の質を保証できるかどうかは重大な問題となっています。教育を受ける権利を保障することは、今日では世界中のほぼ共通の合意事項となっており、日本でも全国の市町村で努力が続けられていますが、しかし、言語も背景も違う子どもたちに教育行政が教育を十分に提供することは容易なことではありません。

　中学校教育を終えずに学齢期を過ぎてしまった人たちには、前節で述べたように夜間中学が教育の補償をし、卒業証書を付与することもあります。一方、学齢児の場合は義務教育段階の学校が受け入れていますが、発生している問題は、学習の質が保証できているかです。学習が成立しなければ登校しても意味がないためです。なされている取り組みは、日本語指導と適応指導が基本ですが、自治体のなかには学力向上と高等学校以上への進学に熱意をもって取り組んでいるところもあります。

1．学 校 給 食

外国籍の子どもの教育の保障では、学校給食を適正に行うことも見落とされがちな1つの要件です。たとえばイスラム教徒は、みなさんもご存知の通り豚肉を食べることができません。世界の三大宗教の1つの代表的な宗教的タブーであるため、教師が努力すべきことは、豚肉ばかりでなく豚肉を使って作った調味料などを、イスラム教徒の子どもが口にすることがないように細心の注意を払いながら、同級生たちにも理解の土壌を作っていくことです。

2．保護者との対話

一方で、先生の日々の誠意と保護者との対話の努力で事態が改善される個別事例もあります。みなさんが担任だったらこんなことにどう対応するでしょう。東京23区のある小学校にインド人の女子が転校してきました。その子はインドの習慣でお香の匂いがきつく、同級生たちがその匂いがきついと言い始めました。みなさんも、教職に就いたら出会いそうなことです。

子どもに、「お香をやめなさい」と命令するでしょうか。東京の教師の研究会である社会科勉強会の会誌『逆転』2022年9月号に、その指導の様子をそばで見ていた教師が、こんなふうにしていたと寄稿していました。担任教師は、その保護者を学校に呼んで、日本にはお香の習慣がないことを伝え、朝、お香を焚かないようにとお願いしたのだそうです。親御さんは教師の説明を受け入れ、お香の問題が解決しました。記事によればお願いしたことよりも、担任教師が普段から親御さんと親身になって連絡を取っていたことに学ぶ点があります。

担任教師は、異文化対応のセンスがあったのでしょう。いろいろ配慮していたそうですが、たとえばその子が英語を第1言語としていたことにも注目したそうです。英語が第1言語の場合、同級生たちに嫉妬心が芽生えることもあるため慎重な配慮が必要なのですが、その子の場合は同級生が英語力に憧れをもつようになり、その子にとって教室が居心地のよい場所になっていったそうです。担任教師はその子の教育の質を保証したばかりでなく、同級生たちの異文化・異言語に接する機会さえ提供したのです。

第4節　外国籍の子どもたちのための教育補償

このエピソードを読んで、筆者は、2008年度に教職大学院の研究者教員とし
て多文化共生の講義を担当していた時の、自身の不明を恥じたことを思い出し
ました。「日系南米人の子どもが転入してきた時、ピアスをつけていた。それ
にどう対応するか」という問題を、ディスカッション方式の講義で取り上げた
のです。受講していた院生の大半が現職教員でした。

　筆者はその時こんな説明をしたのです。「ここは日本の小学校なので、日本
の習慣に従ってください。その習慣に従えるなら入学を許可します」と。当時、
訪問した各小学校で聞いていた情報をふまえた説明でした。受講院生は筆者の
説明を少なくとも表面的にはなるほど、というような表情で聞いていました。

　教職大学院の講義は研究者教員と実務家教員のペアで行うように制度設計さ
れており、その講義は現職公立小学校長の石田成人客員准教授とTT（ティー
ム・ティーチング）で行っていました。石田氏は外国人児童の多い太田市立小学
校の校長を務めた経験のある方ですが、ディスカッションのなかで筆者の説明
を即座に否定されました。「子どもを入学させてから保護者とよく話しあわな
ければならない。入学許可を取引きの交換条件のように使うのは許されない。
保護者とは何日かけても納得してもらえるまで話しあわなくてはならない」と。

　今から考えれば教育保障の問題でした。筆者はそれまで訪問していたいくつ
かの学校で聞いていた説明と違うので、「本当にそうしているのですか」とディ
スカッションのなかで尋ねたところ、即座に「どこの学校でもそうしてい
る」という説明がありました。太田市はすでに外国人児童生徒の教育に力を入
れていたので、そのように徹底していたようなのです。

　忍耐強い対話の姿勢をもつ校長と教師が、杓子定規ではゆかない問題を、誠
意と熱意をもって解決している現状を、筆者は突きつけられました。それとと
もに、それでよいのかと内心感じていたにもかかわらず、そんな説明をした筆
者自身の誠意の不足を強く自覚させられました。序章で取り上げた「生き方を
見つめる」ということが、大学の教員である筆者に問われた一瞬でした。

3．言語と教育の保証と補償

言語の扱いは、教育関係者に迷いを感じさせています。転入後ただちに授業

内容が理解できるようにするには、その子の第一言語（第8章第2節）で授業を提供すれば大抵可能です。しかしその子が第一言語で授業を受けることになった場合、その子の日本語習得の機会を奪うことになりかねません。保障と保証をめぐる解決しがたい問題があります。

　学校内に設けられた日本語教室（県によっては日適教室と呼ばれます）では学習の質を保証するために日本語指導を行い、補償するために教科内容の補習を行っています。中学校卒業者に補償するために夜間中学というしくみもあります。欧米諸国のなかには日本と違って、1つの学校に何人か以上、現地の言葉と異なる第一言語をもつ子どもがいれば、極力その言語で授業をするという制度が設けられている国もありますが、みなさんはどれが適切だと考えるでしょう。

　現在の日本では教師が日本語による指導で日本語を習得させることを原則としているのですが、半年～1年程度の短期滞在だとあらかじめわかっている場合、教育保障と日本語指導（教育保証）のバランスをどうするかという迷いも生まれます。法的には不備が多いといわざるをえませんが、法整備を待っている間に対象の子どもは成長してしまいますので、担当している教員のなんとか乗り越えようとする熱意と努力でもちこたえているのが現状です。

▌第5節 ┊ 法令の不備が生み出すもの

　法整備に不備があると、子どもの教育を損ない教育保障さえままならなくなることがあります。本土復帰前の沖縄との関係でこんなことがありました。1964年9月に、渋谷区立長谷戸小学校4年生であった筆者の学級に米国統治下の沖縄から転校生があり、1967年3月卒業と同時にまだ米国統治下であった沖縄に帰りました。その後50年近く経ってから、彼女に聞いたところでは、転入を申し込んだところ「3年生に編入しないか」と最初に言われたのだそうです。那覇市の小学校では成績がよかったので彼女の母が3年生に下げることを強く断ったため、筆者たちの学級に転入したのでした。

　学校がそのようなことを提案した理由は、沖縄の学校の水準が自分たちにはまったく分からない、ということだったそうです。当時、沖縄の小学校は米国

統治下とはいえ学校教育法を準用しており、教科書も本土で検定合格したものを使っていました。にもかかわらずそのようなことがありました。

　筆者が、当時渋谷区で教師を勤め、後に校長になった方に会った際、彼女の経験を話題にしたところ、当時渋谷区では沖縄から来た多くの子を1学年下げて転入させていたのだそうです。ただ彼女は幸いなことに筆者の学級に転入し、担任教師が本書の序章で紹介した桐山甲子治教諭だったのです。桐山教諭は学力を向上させることに巧みな方で、しかも1学年下の先生方はそのような指導技術をもっていなかったように思われるのです。

　それに、もし3年生に転入していたら、沖縄に戻った時中学1年ではなく小学校6年に配属されたのでしょう。その後彼女は、沖縄で大活躍するラジオアナウンサーになりますが、そんな目に合えば輝かしい未来がうばわれてしまったかもしれません。

　そうした対応は、1972年5月15日の本土復帰の前年、1971年12月に公布された昭和46年法律第129号「沖縄の復帰に伴う特別措置に関する法律」（略称は沖縄復帰特別措置法）の第95条と、その適用に関する特別措置等を定めた1972年5月の昭和47年文部省令第28号とで、沖縄のそれぞれの学校の学年や卒業資格が日本本土と同等と規定されたことによって初めて解消されました。当時東京で1学年下げるということが頻繁にあったという状況のなかでは、学年対応を法令で定めたことは、米国統治下で育った沖縄の小中学生の教育を実質的に保障するしくみでもあったのです。　　　　　　　　　　　　　　　（所澤　潤）

　【さらに学びたい人のために】
安田夏菜（2018）．むこう岸　講談社：母と妹と三人で生活保護を受けて暮らす主人公（中三女子）が、友人の助けを借りて自分の将来への道を探っていくようすを描いたジュブナイル小説。教育を受ける権利について、さまざまなことを考えることができる作品です。
山本おさむ（1991）．わが指のオーケストラ　秋田書店：音楽家をめざしていた高橋潔は大正時代のはじめに大阪市立盲唖学校に赴任して、耳の聞こえない子たちに出逢います。そして手話の価値に目覚め、当時主流となりつつあった聴覚口話教育の推進派の人たちと戦い、同校の手話教育を守り抜いていきます。教育の保障と保証と補償とは何かも問うマンガ作品です。

······················ コラム4：無学年制という発想 ······················

　みなさんは、無学年制という発想ができるでしょうか。現行の日本の法令が学年制を基本にしていますから、それを実現するのは容易ではないと思いますが、海外に事例があれば、発想しやすくなります。

　この考え方は、アメリカのジョン・グッドラッド（John Goodlad）が1960年代に言い出した授業方式に端を発していますが、さかのぼれば20世紀のはじめ頃になります。もともと学年に対応する英語のグレードとは、柔道や剣道と同様に年齢に関係なく、出来る度合いによって分けていたものでしたが、20世紀の始まる前後に暦年齢によって分けられるようになったのです。

　日本の学習指導要領も、必ずしも無学年制に対立するものだとはいえません。というのは「個別・最適の学び」という方針を取り入れているからです。「個別・最適な学び」という方針を徹底していくと、個別・最適とは、従来の年齢ごとに分ける教室という考え方を後退させ、学年制をやめて、「non-grade（無学年）」にするという考え方を生み出します。そういう意味では、グッドラッドの発想は日本の制度と相容れないものとは言えないのです。現状の学校教育制度が、個々の生徒の違いに対応できないものであるということが意識された時、この発想は魅力的に思えるでしょう。

　「無学年制」という、同じ箱で行う一斉教授を否定する考え方が出てきた時は、日本の教育関係者は、みな、驚きました。なぜなら、授業は教室という箱の中でみな一斉に同じことを習うという発想が前提となっていたからです。今の日本ではフリースクールと呼ばれる学校があり、通常の学校になじめない児童生徒を受け入れています。近代教育制度が成立する直前までの寺子屋を思い起こすと、お師匠さんが一人ひとりの課業の指導をし、課題を出していました。多くのフリースクールも各自がばらばらに学習していますので、寺子屋にたとえることもできます。そしてそれこそ、無学年制という発想そのものではないでしょうか。

　不登校児童生徒数は、2023年10月発表の統計によれば義務教育人口約940万人の内、30万人近くになっています。つまり、100人に3人程度です。不登校の原因がすべて教育課程の不適応という訳ではありませんが、対策の活路の一つを無学年制にもとめる、という選択肢も出てくるのではないでしょうか。

　みなさんが、教師になり、学校現場で活躍する頃には、無学年制という発想がどこに向かうでしょうか。そのことを考えるのも教職課程の楽しみです。

（浅沼　茂）
··

教師は学び続ける

> 「生徒が楽しく学べる授業をしたい」「生徒の心に寄り添った指導をしたい」…教師を目指す学生たちから聞く言葉です。そんな理想の教師に近づくためには何を学んだらよいのでしょうか。多忙な先生たちは、どのようにしてスキルアップをしているのでしょうか。この章では、教師の仕事と学びについて考えてみましょう。
>
> キーワード：研究と修養、研修、学び続ける教員像、教師の学び

第1節　教師はどこで学ぶ？「研究と修養」

1．教師になる喜びと不安

　毎年秋になると、全国の自治体では教員採用試験の合否が発表されます。4月から教職に就くことが決まった（内定した）学生は、これまでの努力が実った満足感と次年度への希望でいっぱいです。学生の夢が叶う瞬間に立ち会えるなんて、大学教員としてこれ以上の充実感はないなあといつも感じます。しばらくしてその喜びが落ち着いた頃、彼らは別の感情と対面します。それは、「今のままの自分が、半年後に本当に先生として責任を果たすことができるのだろうか」という不安です。「学校で見るベテランの先生たちははるか先を走っている。新人の自分はいつまでもその背中に追いつくことができないのではないか」「専門分野の知識習得には努めてきたけれど、さまざまな支援の必要な生徒を相手にして、教師としてしっかり導くことができるだろうか」など、教師としての果てしない前途を思い、茫漠とした焦燥感にかられる学生もいます。でも、それは教師としての使命や責任をちゃんと考えているからこそ、気づくことのできる感情だと思います。自分の実力不足を真摯に受け止めて、心を引き締める時、それは学びのチャンスです。

2．「研究」＋「修養」＝「研修」

　今の教育現場において、教師に求められるのはどんな資質でしょうか。まず、教師としての使命感があること、愛情をもって子どもたちの成長を見守ること、専門知識と幅広い教養を身につけていること。これらはいつの時代においても普遍的にあげられる教師像だといえます。さらに、これらにプラスしておきたいのが、現代社会への対応力です。経済・政治・環境などあらゆる事象が地球規模で動き、情報革新により変化のスピードはどんどん加速しています。地域や家族のあり方も、直接的・間接的に影響を受けています。

　学校での教師の日常に目を向けてみると、教師の仕事は授業以外にもたくさんあります。教材研究、成績評価、生徒指導、部活動指導、進路指導。それぞれの業務に会議、書類作成、保護者・地域対応が伴います。近年では、特別な支援が必要な児童生徒への対応力や多様性・個性を重視する指導力も求められています。なにしろ「ひと」が相手なので、仕事の方法も使用する言葉も場面ごとに異なります。新任教師は、とにかく毎日の学校での業務をこなしながら、さまざまな仕事を覚えていくことになります。

　　教育基本法　第9条（教員）
　　　「法律に定める学校の教員は、自己の崇高な使命を深く自覚し、絶えず**研究と修養**に励み、その職責の遂行に努めなければならない」
　　教育公務員特例法　第21条
　　　「教育公務員は、その職責を遂行するために、絶えず**研究と修養**に努めなければならない」

　日本の法律では、「研究と修養」すなわち「**研修**」で知識を深めたり経験を増やしたりすることも、教師の仕事であるとされています。ですから、教師は勤務時間中に学校外の研修に参加することが認められています。勉強することで給料がもらえるなんて、なんとも有り難い職業なのです。

　「研究と修養」の場面は、いくつかのカテゴリーに分けられます。第1に、学校の業務として参加しなくてはならない公的な研修です。第2に、教師が自分のニーズに合わせて参加する民間団体や有志の主催する研修や講習などです。第3に、教師が日頃から個人で行っている専門分野の研究や情報収集などです。

第1節　教師はどこで学ぶ？「研究と修養」　　*103*

そのほか、資格試験の勉強、読書、映画や音楽鑑賞、旅行など、個人的な余暇や趣味として行っていることであっても、実は学校で使える材料はないかと頭のどこかで考えていたりします。教師にとっては日常のあらゆることが糧になる、といってもよいでしょう。

　文部科学省は、2012年の中央教育審議会の答申で、急速に進展していく現代社会に合わせて、教師の知識技能においても常にバージョンアップが必要であることを強調しました。その時に文科省が打ち出した「**学び続ける教員像**」というフレーズは、すでに学校現場や教員養成ではなじみのものとなっています。とはいうものの、日本の教師は世界で一番多忙だといわれます。毎日の学校生活のなかで、教師たちはどのようにして学びを続けているのでしょうか。

▌第2節 ┊ 自分を鍛える場はどこにあるのか

1．教師の業務として学ぶ：公的な研修

　現在、国・都道府県・市町村の教育委員会が、教師の職能開発のためにさまざまな研修を行っています。教師が、自分に必要なタイミングで必要な知識・技術を学ぶことができるよう、キャリアや役職に合わせてさまざまなテーマの研修メニューが用意されています。たとえば、1年目・5年目・10年目といった教師の教職経験に合わせた研修、校長・教頭・教務主任・生徒指導といった職務に応じた研修などです（東京都教職員センター，2022）。

　もっと身近な研修方法もあります。それは、ほかの先生の授業を見学させてもらうことです。これは「授業研究」といって日本で独自に発展した教師同士の学びあいのしくみですが、近年は「レッスン・スタディ」として海外の学校現場でも取り入れられているそうです。

　もし教師が児童・生徒を相手に長年変わらない授業や指導をくり返しているならば、常に動いている学校教育のなかでは、まるで後退しているように見えるかもしれません。教師がどんなに多忙でも学びを継続していくためには、学校や社会の変化を前向きに受け止め、探究心をもちつつ、自律的に学ぶという姿勢をもつことが必要です。そのことに気づいて主体的に学び続ける教師の姿

は、子どもたちにとっても貴重なロールモデル（お手本）となるに違いありません。

　実際に、教師らの自主的な学びの姿勢が、子どもたちの学力定着にプラスの効果を上げることが示された事例もあります。ある年の全国学力テストの結果が公表された時のことです。一般に、親の年収や学歴が高いほど子どもの学力が高いことは、これまでのデータからもわかっていました。ところが学力テストの結果を分析したところ、その定説を覆す成果を上げた学校が存在していました。そうした学校にヒアリングをしてみると、いくつかの共通点が見つかりました。それは、教師のチームワークが良いこと、普段から教師同士が授業を見せあい教えあっていること、教師たちが自主的に学校内外の研修会に参加していること、家庭学習や少人数指導に力を入れていること、などでした。教師のポジティブな姿勢が、子どもたちの家庭の格差さえ乗り越える力になることを、あらためて考えさせてくれる結果となりました（朝日新聞2014年5月1日記事）。

2．学校や地域を超えて学ぶ：民間の研修

　教育委員会等の実施する公的な研修とは別に、民間の教育研究団体や研究グループが開催する研修も広く行われています。これらの研修には無料と有料のものがあり、教師がみずからの判断で参加をしています。たとえば、若手の先生たちが自主的に集まって授業技術を学び合う勉強会などは、学校や地域の垣根を超えて、同じ志をもつメンバーに出会う機会にもなっています。大学在学中からこうした勉強会に参加して、現職の先生たちから刺激をもらっている学生もいます。

　多くの教師たちは、学校の外にも学びの場を求め、週末や長期休暇のプライベートな時間を使っても知見を広げたいと考えています。たとえ新幹線や飛行機を使わないと行けないような遠方の研修会であっても、新しい知識を得るために負担をいとわずに行動する教師たちはたくさんいます。時間とエネルギーと費用はかかります。それでも、自分が今一番知りたいこと、会ってみたい人や触れてみたいものに近づき、さらに成長したいと思うならば、努力と投資が

必要であることを教師は十分に知っています。というより、自分や児童生徒の成長への高い志がなければ、教師という仕事にやりがいを感じ続けることは難しいでしょう。さまざまな刺激を受けるために行動したかどうか、児童・生徒のために良い授業を追究し続けたかどうか、そうした努力の成果は、10年後、20年後の教師としての力量や評価に明らかな違いとなって現れてくるはずです。それはきっと、教師が学びを通して指導技術を向上させたからだけでなく、教師自身の社会性や人間性をも豊かにすることができたからだと思うのです（川崎市総合教育センター，2019）。

3．個人で学ぶ：教師の学びの日常

少し昔の話です。高校1年生の夏、私は同級生らと一緒に、ある大学受験予備校の夏期講習に通うことにしました。通常なら映画や買い物を目的として出かけるような大きな街へ、「勉強のため」という大義名分を掲げて友人とくり出すことにワクワクしたことを覚えています。

当時の多くの予備校は、数百人の受講生が大教室で講師の講義を聴くという一斉授業を基本的なスタイルとしていました。ある日の「古文・漢文」の授業前、予備校の教室に私の高校で国語を担当する先生がいることに気づきました。もちろん受講生として。先生は大学を卒業したての新任教師であることに加えて、とても可愛らしい雰囲気の女性でしたから、予備校の生徒としてまったく違和感なく教室に溶け込んでいました。

「先生、なぜここにいるんですか?!」と駆け寄る私たちに、「しーっ！　予備校の先生の教え方を知りたいと思って受講しているの。私は予備校に通ったことがなかったから。」と、先生は声をひそめて答えました。大学時代はとにかく本を読むことにすべての時間を費やした、と授業で話していた文学マニアの先生。授業で近代の作家や文学作品について評論をする先生の表情は、廊下で接する時とは別人のように凛々しくて、本当に文学が好きで国語の教師になった人であることが私たち生徒にも伝わりました。教師になって初めての夏休みだというのに、先生がプライベートな時間と予備校の受講料を費やして勉強していることを知り、生徒でありながら衝撃を受けました。これは私にとって、教

師の学びが学校内にとどまらないこと、教師の知識の習得には完成形がないことを実感した体験となりました。

もう1人、私が保護者として出会った「先生」がいます。その人はミニバスケットボールチームのコーチとして、10数年にわたって小学生を指導してきました。あくまでもスポーツ少年団の指導者であり、大学の教職課程で学んだ経験はありません。でも、スポーツに対する愛情と熱意は溢れんばかり、スポーツの楽しさを子どもたちに伝えるためにいつも努力を続けているコーチでした。その指導のおかげか、子どもたちの多くは、小学校卒業後もバスケットボールやほかのスポーツを続けています。どの卒業生も、「小学生時代にコーチに教わった動きや考え方の基礎は、中学や高校の部活でもちゃんと通じる。だから、今のうちにしっかり教わっておくといいよ」と後輩たちにアドバイスをしてくれます。子どもたちの体格や運動能力は成長するにつれてどんどん変化していきますが、最初に丁寧に教わって反復練習をくり返したシュートフォームの基本はずっと身体が覚えている、ということでしょう。

コーチは指導者として毎日活動する一方で、バスケットボールのプロ指導者が開催するさまざまな研修会に自費で参加しています。最新のスポーツ理論や指導方法を学び、それをチームの練習で実践するのですが、小学生が相手では、教わってきたことをそのままあてはめるわけにはいきません。目の前にいる子どもたちの運動能力に合わせて、目標に至る過程を分解し、やさしい言葉を用いて段階的に教えることで、ようやく新しい練習方法がチームに定着していくのです。そのためには、個々の子どもの能力や特性を把握するための努力が欠かせません。子ども同士やコーチ・子ども間のコミュニケーションのため、チームの日頃の練習には、ドッジボールやドリブル競走などのレクリエーションも取り入れられていました。コーチは、子どもたちと遊ぶ時も全力なのです。

コロナ禍でチームの練習ができなくなった時期には、バスケ指導者の研修会はオンラインで開催されました。たとえ練習環境が変わったとしても、その時にできることをコーチは精一杯探し続けていました。その結果、コーチのまわりには別の地域で活動する指導者や受講者たちとの新たな交流が生まれました。優れたチームとの練習試合にもつながりました。コーチの学びから子どもたち

に還元できる材料がまた増えたのです。

第3節 よい授業をするために

　先ほど、教師は余暇や趣味の時間にも学んでいると述べました。たとえば、英語の教師の場合、実用英語検定やTOEICを受験することは英語力のブラッシュアップに役立ちます。映画やドラマを英語で観たり、英語字幕を画面に表示してみたり、英語の歌詞を聴きながら「この前の授業で使った構文だな」と考えたりもします。

　　「勤務時間以外にも考えることは頻繁にあります。というより、つい考えたり思いついたりしてしまう、という方が正しいかもしれません。」(江澤, 2020)

　ある英語の先生は、テレビのクイズ番組から「シルエットクイズ」のアイデアを得て、中学1年生の「What's this?」の学習に使っていました。英語の授業では、学んだ英文を実際に使うことで知識が定着すると考えられます。そこで教師は、生徒たちの日常生活で「What's this?」を使う場面に思いをめぐらせて授業をつくるのです。シルエットクイズは、品物を見せる角度しだいで生徒をいろいろな回答に誘導することができます。たとえば、ペットボトルは側面の形を見せると一目で答えがわかります。しかし、上から見たシルエットは、ただの円です。それはボールにも見えるかもしれません。そこで、「What's this?」を用いた対話に必然性が生まれるのです。視点を変えるとまったく異なるシルエットになるもの、生徒がいろんな想像ができるものって何だろう、と先生は考え続けます。野菜や果物などもおもしろいかもしれない、生徒に出題させるのも楽しそうだなあと、考え始めたら街中でもスーパーでも出題の材料を探してしまいます。このように授業のアイデアを練りながら、生徒たちの反応を想像するのは教師にとってもワクワクする時間です。

　もう1つ、中学校の理科の先生が実践していた授業を紹介しましょう。ピーナッツに火をつけると、黒い煤を出して燃え続けます。当然、ピーナッツのまわりは熱くなります。生徒は、ピーナッツに多く含まれる脂質が燃料の一種であることを学びます。この実験の目的は、脂質がヒトの身体や脳を動かすエネ

ルギー源であると理解させることです。脂質が体内で「燃焼」して消費されることを、ロウソクやアルコールランプが燃えるさまから連想させるのではなく、ピーナッツという日常にある食品を使用して可視化しているところがこの授業のポイントです。身近な生活品を使って学習に興味をもたせること、印象に残るような学習体験をさせることは、生徒が次に自分で課題を設定して解決方法を探す学習態度にもつながるでしょう。そして、そんな授業をする教師になるためには、専門知識と発想力が必要だということがわかります。

第4節 学んだことを伝えるために

「むずかしいことをやさしく、やさしいことをふかく、ふかいことをおもしろく、おもしろいことをまじめに、まじめなことをゆかいに、そしてゆかいなことはあくまでゆかいに」

これは劇作家の井上ひさしさんの言葉です。学校や授業について語った言葉ではありませんが、こんな授業ができる教師に出会えたら、だれでももっと学びたい気持ちになるでしょう。

ゆかいな授業をしたいと考える教師は、難しいことや専門の知識を誰よりも多く知っていなくてはなりません。そして、それを相手の関心に添わせて伝えるための豊かな言葉と教養を備えていなくてはなりません。学ぶことは楽しいと子どもたちがくり返し体験できるような授業を、創造し続けなくてはなりません。教科書にある知識の表層を教えるだけではなく、それを学ぶことが子どもたちの人生にどんな影響を与えるのかを深く考えさせるような問いかけを続けていきましょう。教師の学びには終わりがなく、だからこそ、ずっと成長を続けることができるのです。

(岡田　愛)

【さらに学びたい人のために】
伊藤良高・岡田愛・荒井英治郎（2022）．教育と教職のフロンティア　晃洋書房：教育の思想や歴史、教員の養成・採用・研修、学校と地域社会など、教育学の基礎から教育現場の実情まで広いテーマを扱っており、教育の初学者にも適しています。教育研究者と保育・教育

機関の実践家の両方が執筆に参加しました。

江澤隆輔（2020）．先生も大変なんです　岩波書店：著者は現役の公立学校教師。学校の多忙化や教師の長時間労働など、今の学校の実情や、先生たちの悩み・思いを率直に語っています。近年の文部科学省のデータや施策にもふれているので、時事情報の理解にも役立ちます。

秋田喜代美（2012）．学びの心理学──授業をデザインする──　放送大学叢書：魅力的な授業はどのように創られるのか。子どもたちが深く学べていると感じられる教室にはどのような条件があるのか。教育心理学や学校教育学の研究者の視座から、学びあう教師の姿や授業研究の方法について広く知ることができます。

【引 用 文 献】

朝日新聞（2014）．頑張る学校の知恵共有を　5月1日記事

江澤隆輔（2020）．先生も大変なんです　岩波書店　p.77

川崎市総合教育センター（2019）．～学び合う先生 育ちゆく学校～教師力を高めるガイドブック
　　https://www.nits.go.jp/documents/shihyo/information/files/index_016Kawasaki
　　City_001.pdf

東京都教職員研修センター（2022）．令和4年度 東京都教職員研修センター「研修一覧」
　　https://www.kyoiku-kensyu.metro.tokyo.lg.jp/01annai/files/r 4 _ichiran_20220519.pdf

校長は学校を率いる

　ある小学校の校長先生に、どうして管理職になったのですか、と昔話を伺いました。すると、こんな思いを語ってくださいました。「自分はいつも体当たりで子どもに接してきた。40歳を過ぎた時、体力の衰えを感じ、もう今までと同じ教育はできないと思った。そこで管理職への道を選んだ。管理職として学校を変えようと考え、そのステップとして指導主事の試験を受けた。」校長職に就くルートは都道府県によってある程度違いますが、副校長（あるいは教頭）を経て校長になるルートが標準的です。副校長になる前に40歳前後で指導主事になるルートがあり、その方はそのコースを選びました。

　その方が目指した校長職とはどのようなことをするポストなのでしょうか。これから教職を目指そうかどうしようかと考えているみなさんには、一般教員のその先（指導主事）の先（副校長）の先のことで、とても想像しにくいことだと思います。

　キーワード：校長、監督、名札、優先順位、後ろ姿の教育、生き方あり方

第1節　校長は学校を変える

　群馬県板倉町のある町立小学校で、筆者が2年間教員研修会講師を務めた時のことです。何度目かの研修会が終わり、懇親会に移る前に、年配の女性教員が筆者のところにやってきて、新しく着任した石田成人校長についてこんな話をされました。「今度の校長先生は、着任した時の職員会議の挨拶で、最初に、学校の先生はよい授業をすることが一番大切です。よい授業をしなければなりません、学校では授業方法をみなで向上できるように研修を行います、と仰った。私はそのことに感激した。」

　少し詳しく話を伺ったところ、「自分はもともと正規の教員だったが、子どもが生まれて退職し、子どもが大きくなって10年ぶりぐらいで復職しました」と話してくださいました。「自分が時代に遅れているかもしれない、自分の授

業で大丈夫だろうかととても気になり、復職した当時、校長先生に自分の授業で大丈夫かと聞いたところ、『そんなことは気にすることはない』」と言われたというのです。「校長が替わって次の校長にも聞いたのだが、同じことを言われ、学校現場にとても失望していた。ところが、今度の校長先生は『授業が一番大事だ、授業の質を向上させたい』と、最初に言ってくださった。それを聞いて感激した」と。その年から、その先生はとても熱心に授業改善に取り組んでいたことを思い出します。

　校長の言動は、職員にも生徒にもさまざまな影響を及ぼします。これから教員を目指そうかなと考えているみなさんは、校長によって学校で行われることがそんなにも変わるのだろうか、と疑問に思うかもしれません。そうなのです。少なくとも国公立学校では校長が替わるとすべてが変わってしまうこともありえます。

▌第2節 ┆ 校長の職務

　校長は、なぜ学校を変えることができるのでしょうか。それは法的規定と関係があります。校長の職務は、現在、公教育の学校の基本を定めている学校教育法に根拠となる条文があります。それは、第28条第2項の「校長は、校務をつかさどり、所属職員を監督する。」です。しかし、「監督する」とはどのような意味でしょうか。みなさんの多くは、監督という語で、プロ野球やサッカーの監督を思い出すのではないでしょうか。

　筆者は、1990年前後に、都心のある公立小学校をたびたび訪問していたのですが、その時、その条文のもつ意味を示すこんな事例に出会いました。5月になったころ、ある学級の担任の若い男性教諭が、退勤時にたびたび4年生の1人の男児を連れて銭湯に行くのです。そのことを学校の先生方から聞いて、とても不思議に思ったのですが、何人かの先生が説明してくださいました。転校してきたばかりの子に対して、同級生たちが「臭い臭い」と言い出したのが発端でした。学校で調べたところ、その子は両親のいない子で、祖母との2人暮らしで、祖母の体力がたりず、子どもを毎日風呂に入れられない、ということ

だったのです。そこで、自分たちで知恵を絞り、放置せずに担任教諭が時々銭湯に連れて行くことにした、ということでした。もちろん、学校長の了解のもとで行われていました。

　もう何十年も前のことですが、風呂に連れて行く、というのは当時としてもめったにあることではありませんでした。今教師を目指そうかと迷っているみなさんのなかには、恐らくぎょっとした方もいることでしょう。ただ、みなさんにおもんぱかってほしいのは、教師たちがやむにやまれぬ気持ちをもっていたことです。子どもを叱るわけにはいかず、かといって同級生の不満を放置すれば、思わぬトラブルに発展するおそれもあります。担任が、エネルギッシュな若い男性教師だった、という幸運もあり、教師たちが編み出した解決策がそれだったのです。

　もちろん同様の対応を推奨したいのではありません。筆者がみなさんに注目してもらいたいのは、そんな対応も、校長の判断で可能になるということです。

　当時、何人かの同校の教師に、そのことについて聞いてみました。というのは、当時の筆者は、確かに見事な解決策だが、担任教師が個人の判断で児童を連れて銭湯に連れて行くようなことをしてよいのか、と思ったからです。それに対して教えてくださったのは、校長が事情を知ってひとたび許可していれば、担任教諭が風呂に連れて行くことに何の支障もない、ということでした。当時の筆者はその説明になるほど、と思い、それ以上調べなかったのですが、本書を執筆するために改めて法令を確認したところ、校長が「所属教員を監督」できていたのだということに気づきました。その上校長は「校務をつかさど」っています。というのは、銭湯に行かせたことは、関係の教師たちの意向を汲むことができていたといえるからです。

▌第3節 ┆ 校長に必要な高い識見

　校長が、学校をかなり自由に変えられる、というそのしくみがよく機能するには、校長に教育に関する高い識見が求められます。みなさんも教職に就けば、校長になるというルートに乗る選択肢は、常に存在しています。そこでみなさ

んには、求められる高い識見とはどのようなものかを、今のうちから考えてもらいたいと思います。ここでは制度がうまく機能しなかった例を紹介して、校長に求められる識見を身につける端緒としてほしいと考えています。

　筆者は、教員養成系の国立大学の附属中学校に公立小学校から入学したのですが、こんな体験をしました。2年生になった時、大学から派遣された新しい校長が、着任の挨拶で生徒にこんなことを言ったのです。「この学校に来て驚いた。名札を着けていない。お互いに名前がわからなければ話ができないだろう。これからは名札を着けることにする」

　その校長挨拶は、一瞬にして2、3年生全員をしらけさせました。というのは、前年の入学式の時、こんなふうに説明されていたのです。「本校では名札はつけない、先生たちは全員の名前を覚えている。生徒たちも名札がなければ名前がわからないようではいけない」と。誇らかにそんな説明があって、「みんな、名前を覚えるように」と言われたからでした。入学したばかりの筆者は、入学式のあと、そんな無茶なと思いながら初めて所属学級に入ったのですが、担任の飯塚峻教諭は、自由に机に座った筆者たち一人ひとりに、初対面であるにもかかわらず、名簿も何も見ずに名前を呼んで話しかけてきたのです。そんなことがあるのかと驚きました。感銘を受けた筆者は同期200人のほとんど全員の名前は覚え、上級生の名前も機会があるごとに覚えました。1967年のことでした。

　新しく着任した校長は、心理学と教育学を専門とする教授だという触れ込みでしたが、教育についての識見がなかったのです。新しい校長本人は、もし今も生きているのなら、今でもその改革は誇らしく素晴らしいものだと思い込んでいるに違いありませんが、みなさんはどう思うでしょうか。筆者の場合は、そのことを不快に思ったのにとどまらず、その後、下級生の名前を覚えようという気持ちはなくなってしまいました。教師たちも恐らく初対面の入学生に名前で呼びかけるような努力はしなくなったのではないかと思います。

　この事例は、建学の理念がしっかりしている私学と違って、国公立校の場合に起こりうることです。ですから、みなさんが校長になる時には、決してそのようなことをしないように、教員になったら常に自分を磨いていってほしいと

筆者は考えています。

第4節　私の出会った校長先生

1．校長先生の優先順位・教員の優先順位

　3月上旬、私が中学校教師として最後に赴任することとなった学校の校長先生との事前面接がありました。その際、校長先生から「本校は荒れた時代が長かったこともあり、理科室は10年以上閉鎖されたままです。当面、理科の授業は実験なしということで無理のないように進めてもらえればいいです」と言われました。異動してくる私に負担をかけないための言葉だったと思います。

　しかし、中学校学習指導要領（平成29年告示）解説の理科編には、「自然の事物・現象に関わり、理科の見方・考え方を働かせ、見通しをもって観察、実験を行うことなどを通して、自然の事物・現象を科学的に探究するために必要な資質・能力を次のとおり育成することを目指す」とあります。また、理科の授業で観察や実験を行うのは当たり前と考えていた私にとって、「当面、理科の授業は実験なしで……」という校長先生の言葉は衝撃でした。その後の事前面接で何を話したかほとんど覚えていませんが、とにかく、どうしたら理科室が使えるか、それだけを考えていました。

　4月、異動してすぐ、私は閉鎖されていた理科室の鍵をあけました。理科室も準備室も、机の上は文具類や実験器具が散乱し、埃をかぶっていました。鍵のかけられた薬品庫には塩酸や硫酸のほか、たくさんの薬品が保管されていました。なかには、恐ろしいことに薬品が垂れてラベルの薬品名が見えなくなっていたり、ラベルがポロポロと落ちかけていたりしたものもありました。10年以上ともなれば、定期監査もあったはずです。にもかかわらず、なぜこのような酷い状態のまま放置されていたのか、まったく理解できませんでした。

　区立小・中学校等での定期監査は、毎年行われます。財務に関する事務の執行状況及び財産の管理状況について、地方自治法第199条第2項及び第4項の規定の趣旨に基づき、適正かつ効果的に執行されているかを基本に、いくつかの項目について実施されます。その項目のなかには、「毒物劇物の適正な管理

について」といったものもあります。そして、不適切な管理が見受けられた場合、たとえば、

　（ア）薬品庫の整理ができていないもの。
　（イ）数年使用していない薬品を適切に処理し廃棄していないもの。
　（ウ）管理簿と薬品の残量が合わないもの。
　（エ）薬品の使用量及び残量をその都度管理簿に記入していないもの。
　（オ）薬品の容器の廃棄について管理簿に記入していないもの。
　（カ）毎月自己点検を行い記録すべきところ、年５回しか実施していないもの。
　（キ）自己点検時及び年度末に薬品残量を計測していないもの。

といった指摘がなされ、当該校においては、早急に必要な改善措置を講じなくてはなりません。

　校長先生曰く、「一昨年の７月に前任の校長先生が過労で倒れ、年度途中に退職されたため、その年の８月１日付で着任し、荒れた状態を立て直し、何とか今の状態になった」とのことでした。その間、理科室の薬品庫への監査はなかったということでした。もちろん、監査がないからそのままでいいというわけではありません。

　重要性、緊急性がともに高い場合に優先順位は一番高くなります（図12－1参照）。着任直後の校長先生の優先順位は、荒れた状態を立て直すことだったのです。そして、どの生徒も普通に学べる環境を整えることでした。そこで、研究推進委員会において、人間関係づくり（構成的グループエンカウンター）、社会生活に必要なスキルの獲得（ソーシャルスキルトレーニング）、特別支援教育へのアプローチ（応用行動分析）を３本の柱として学校経営を進めているところでした。

	重要性（高い）	重要性（低い）
緊急性（高い）	優先順位：最高	優先順位：高い
緊急性（低い）	優先順位：高い	優先順位：低い

図11－1　重要性と緊急性による優先順位

　理科教員の私の優先順位は、理科室で実験ができるようにすることでした。私は「遅くとも、ゴールデンウィーク明けまでには、理科室に生徒を入れたい」と、校長

先生に相談に行きました。すると「この件について、校長にできることは予算を割り当てることです。理科室を使えるようにするために、あなたはどのようにお金を使いたいか考えておいてください。」と言われました。全校生徒100人に満たない学校だったので、理科の教員は私1人でした。相談相手はいません。どうすれば、約1か月で10年以上閉鎖されていた理科室を機能させることができるか……。「1人では到底かなわないことも2人いれば何とかなるかもしれない」と思い、校長先生に「実験助手がほしい」と話したところ、「そういうお金の使い方があるとは思いもつかなかった」と、すぐに手配をしてくださいました。そして、次の週には、理科の教員を目指している学生が実験助手として週に2回来てくれることになりました。その学生は化学を専門としていたので薬品管理についても阿吽の呼吸で進めることができました。しかし、膨大な量の薬品のほか、ラベルが見えなくなっている薬品も10本以上あったため、薬品庫の整備だけでもかなりの時間がかかりました。そこで、実験助手をもう1人増やしてもらい、何とか予定通り、ゴールデンウィーク明けには理科室で実験ができるようになりました。

2．後ろ姿の教育：まごころの伝播

　受験シーズンは、よく雪が降ります。その年の都立高校の願書提出日も、前日からの大雪で、校庭にも雪が積もっていました。3年担任だった私はいつも以上に早く学校に行きました。雪の影響による混乱への対応のためです。教職員通用門から入り、2階の職員室に着くと、正門付近で長靴を履いてシャベルで雪かきをしている人が見えました。校長先生です。正門から昇降口までは直線距離で80mくらいありました。正門の前の通りの雪はほとんど両脇に寄せてありました。誰よりも早く来て、雪かきをしていらしたのでしょう。その後ろ姿を見て、私もすぐに体育着に着替え長靴を履いて、昇降口から正門に向かって雪かきを始めました。1人、2人、出勤した先生たちが正

第4節　私の出会った校長先生

門側と昇降口側に分かれて次々と雪かきを始めました。いつの間にか、部活の朝練で来ていた生徒たちも雪かきに加わりました。誰一人「手のあいている人は雪かきを手伝って！」などとは言いません。校長先生の後ろ姿からまごころが伝播していったのです。そして、あっちとこっちの道がつながる瞬間、あたたかい拍手がわき、正門から昇降口までの道が完成しました。

　　　3年生が願書提出日に雪道で滑りませんように、登校してくるみんなが転びませんように、との願いを込めて、毎年、雪が降ると誰ともなく雪かきが始まります。寒い日でも心はほっこりし、1日の授業がスタートします。

　この学校の校訓は開校時（昭和22年）に定められた『まごころ』です。人間愛の作家として名高い武者小路実篤氏に依頼し、書いていただいた大作は校長室に掲示され、脈々と受け継がれています。

3．後ろ姿の教育：思いやりのウェーブ

　かつて遠足といえば山登りが主流でした。しかも、登山好きの先生がいる学年では、少々ハードなコースを中学生でも登れるよう綿密に計画を立て、実踏し、当日に備えていました。実踏（実地踏査の略）とは、教育界の専門用語で、遠足や移動教室、修学旅行などのプログラムを考える上で、事前に見学先や生徒の集合場所、トイレの位置や危険箇所の確認をしたり、関係者に話を聞いたりすることです。

　ちょっと荒れた中学2年生の遠足も山登りでした。もちろん、綿密に計画を立て登山好きの先生と私とで実踏をし、全行程約10kmのコースを5クラス183名の生徒と一緒に登ることになりました。引率者は教頭先生、学年所属の先生7名のほか、養護教諭と非常勤講師の体育の先生の計11名。日常生活ではルールが守れない生徒も、山ではルールを守ることができました。山でルールを守らないと、命に関わることがあるからです。配慮を要する生徒、たとえば、運

動制限があるとか体力的にペースが遅くなる生徒には、途中、ケーブルカーを利用したり、ゆっくりペースでも登りたい生徒には、個別に先生がついて登れるところまで一緒に登ったりしました。トラブルは下山の時起きました。1人の生徒がよろけて石が転げ落ちてしまったのです。すぐさま「落石！」とその場にいた先生も生徒も大声で叫びました。その石をよけようとした1人の生徒が、慌てて足を捻挫してしまい、自力で下山ができなくなりました。若い体育の先生がケーブルカー乗り場まで背負って何とか全員下山できました。

　トラブルがあったため、予定は大幅に遅れ、お弁当もおやつも食べつくした生徒は、帰りのバスのなかでおなかがペコペコの状態でした。教頭先生と学年主任が相談して、次のドライブインに事前連絡し、183人分のパンと飲み物を調達することにしました。思いもよらないパンと飲み物に、生徒たちは大喜びでした。おなかが満たされると登山の疲れもあってかスヤスヤと眠りはじめました。学校への到着時刻は当初の予定を3時間もオーバーした19:30頃でした。普段は学校の近くの広場にバスを停めるのですが、夜になってしまったこともあり、5台のバスを校庭に停めることになりました。当時の公立中学校には夜間照明はありません。校長室と職員室の電気だけが校庭に漏れていました。校長先生が正門をあけ、校舎に入ってまもなく教室の電気がつき始めました。誰一人「校舎内のすべての教室の電気をつけて2年生を迎えよう！」などとは言いません。校長先生が教室の電気をつけている、校長先生の後ろ姿から思いを察し伝播していったのです。やがて思いやりがウェーブのように伝わりすべての教室の電気がつき、校庭を明るく照らしました。バスの中の生徒たちから歓声が上がり、あたたかい空気につつまれました。

　「子どもは親の言う通りには育たず、親のするように育つ」と言いますが、生徒も先生の言う通りには育ちませんし、先生もまた校長先生の言う通りには育ちません。**後ろ姿の教育**では人間性がものを言います。その人の**生き方あり方**はもちろん、教育への情熱や生徒への思いやりが伝わってくるからこそ、成り立つのではないでしょうか。

（冒頭〜第3節：所澤　潤、第4節：鹿嶋　真弓）

【さらに学びたい人のために】

プロフェッショナル　仕事の流儀　背伸びが、人を育てる　校長　荒瀬克己の仕事［DVD］：生徒の自ら学びたいという気持ちをはぐくめば、自然と生徒が学びだすという信念のもと、改革を行った公立高校の校長の実践ビデオ。2000年以前は国公立大学進学者が数名しかいない普通の公立高校だった京都市立堀川高校で、改革１年目から毎年100人以上が国公立大学へ進学し、京都大学へも３〜40人進学する、という実績を出すまでの取組みが映し出されています。（2007年10月16日放送）

髙橋正尚（2017）. 学校改革請負人──横浜市立南附属中が「公立の星」になった理由──中公新書ラクレ584：新たな学校（公立の中高一貫校）がどのようにして設立され、どのような教育ビジョンのもと、具体的にどのような教育を行っているのかを知ることができます。また、学校改革を行う校長のリーダーシップからも学ぶことはたくさんあります。

【引 用 文 献】

清水勝彦（2008）. 経営意思決定の原点　（p.41を筆者が一部改変）

荒川区立第七中学校HP：https://www.aen.arakawa.tokyo.jp/ARAKAWA-7-J/

Chapter 12

歴史は学校をつくる

　日本では、地域住民をあげての学校行事として、運動会や体育祭が催されています。運動会には祖父母や親戚が大集合、という家庭もありました。私が子どもの頃に住んでいた地域では、運動会の朝には、開催の合図として打上げ花火の音が響きました。早朝から家族全員分のお弁当を作って、学校にレジャーシートを持ち込んで、子どもたちの競技の勝敗に一喜一憂して、夕方はみんなで帰宅する。運動会は、勝っても負けても、悲喜こもごもの思い出を私たちの人生に残してきました。
　この章では、運動やスポーツの視点から学校教育の歴史をふり返ってみることにしましょう。
　　　キーワード：運動会、特別活動、海軍兵学寮、兵式体操、森有礼

第1節　明治時代の学校と体育・スポーツ

1．明治時代の学校と体育・スポーツ

　日本の**運動会**や体育祭はとても独特な歴史と文化をもつ学校行事ですが、他の国々ではどうなのでしょうか。アメリカやイギリスの学校には、スポーツ・デー（Sports Day）やフィールド・デー（Field Day）と呼ばれるスポーツ・イベントがあります。これは子どもたちが運動場やグラウンドでからだを動かすことを楽しむイベントです。他方、中国では、徒競走や跳躍種目などの勝敗を競う競技会タイプの運動会が行われています。韓国や台湾では、日本統治時代に始まった日本式の運動会が、今も続いています。
　現代の運動会や体育祭は、学校教育では「**特別活動**」に位置づけられています。「特別活動」とは、学級活動・生徒会活動・学校行事など、教科外の教育活動を総称する言葉です。小・中・高校の学校行事には、入学式や卒業式などの儀式的行事、文化祭や学芸会などの学芸的行事のほか、体育祭や運動会、遠足や修学旅行、ボランティア活動などが含まれます。学校行事について中学校

学習指導要領（平成29年改訂版）では、生徒同士で協力する体験的な活動を通して、「望ましい人間関係を形成し、集団への所属感や連帯感を深め、公共の精神を養い、協力してよりよい学校生活を築こうとする自主的、実践的な態度を育てる」ことを目標としています。

　明治時代初期の日本の学校教育において、心身の健康や発育を促すための運動やスポーツの価値はまだ認識されていませんでした。それでも、1872（明治5）年の「学制」の発布によって全国に次々と設置された小学校では、子どもたちの体格・体力向上のため、「体術（体操）」が教科として導入されました。文部省は、1日1～2時間、体操を実施するよう小学校に指示を出し、欧米で発行されていた体操の解説書や体操図を翻訳したものを紹介しました。ところが、静止画から体験したことのない連続的な動作をイメージすることは、教師たちにとってもさすがに難しかったようで、実際のところ、満足な体操指導はできていませんでした。近代的な体操の実施方法についての情報が乏しい地方の中学校では、剣術や槍術などの伝統的な武術を運動の代わりに課していた事例もありました。そもそも、当時のほとんどの学校には運動場がありませんでした。それでも文部省は、1878（明治11）年に「体操伝習所」を設立して体育科の教員養成を始め、体操の教則本を刊行するなどして体育教育の推進を図りました。明治時代も半ばを過ぎる頃には、学校教育に関する新しい法令が公布されて、「体育」が正課となり、運動場の整備が義務づけられて、野球やサッカーなどのスポーツが広まりました。

2．海軍兵学寮の生徒たち

　学制に先立つこと数年、1869（明治2）年に明治政府は東京築地に海軍操練所を開設し、海軍士官の養成を始めました。翌年には海軍操練所を**海軍兵学寮**と改称し、教育方針やカリキュラムの大幅な改革を行いました。教官には日本人に加えて外国人も採用され、洋風の校舎に15歳から25歳の青年が集められました。当時、羽織・袴と草履・下駄の和装であった生徒の服装は、詰襟のジャケット・帽子・ズボン・靴という洋装の海軍制服へと一新されました。こうして、日本の海軍士官養成教育は華々しくスタートしたのでした。ところが、全

寮制の集団生活や学校の厳しい規則についていけない生徒たち、日本語と英語の教科書を用いた学習についていけない生徒たちが、次々と現れてきたのです。中途退寮する生徒を大量に生みだすという深刻な事態に至るまでに、長い時間はかかりませんでした。日本の近代化と富国強兵政策の期待を背負った海軍兵学寮の船出であったのに、海軍省や学校関係者は不測の事態を立て直すために試行錯誤することになったのでした。

　そんななか明治政府は、軍隊組織の模範としていたイギリスから、士官養成教育の指導のための教官団を日本に招聘する契約をとりつけました。1871（明治4）年にイギリス海軍顧問団が来日、海軍兵学寮はイギリス海軍の教育方法を取り入れて再編成され、日本の海軍教育の基礎が固められていきました。

　その頃の海軍兵学寮では、全国から選ばれた身体強健な生徒たちが、起床から就寝まで定められたスケジュールに従って集団生活を行っていました。教官は絶対的な権限をもち、生徒の授業態度、生活態度、礼儀や身だしなみなどを厳しく指導しました。生徒に対しては、授業開始5分前の集合、制服の正しい着用、許可のない外出禁止、といった詳細な規則があり、それに違反した生徒には、外出の禁止、自室禁錮などの懲罰が与えられることになっていました。

　先ほども述べたように、明治時代初期の学校教育において、運動やスポーツの教育的意義はまだ重視されていませんでした。これは海軍兵学寮においても同様で、学業についてはもっぱら座学が中心でした。ところが、イギリス海軍式の教育が始まってからは、運動や外業（実習）の時間もたっぷりと確保されるようになりました。しかしそのおかげで、兵学寮では生徒の制服の破れやほつれを修繕する専門職人の採用を海軍省に申し入れることになった、というエピソードも残されています。さらに、イギリス人教官の提案により、ビリヤード、クリケット、ボーリングなどの設備が整えられ、放課後の生徒たちのレクリエーションの場となりました。クリケット場の設置を海軍省に要請する海軍省宛文書で、教官らはなぜそれが必要なのかを述べています（木村，1996，p.22）。

　　一般に人間は精神を疲れさせるだけで慰楽することがなければ、気のふさがることは間違いなく、法律を犯したり、よくない遊びに溺れたりするものである。兵学寮生徒の最近の問題行動について、兵学寮の会議で論議したところ、

第1節　明治時代の学校と体育・スポーツ　　*123*

学寮生活には気晴らしとなる方法がないからだということになった。欧米各国の海軍学校では、玉突き、クリケット・ボール、ボーリング・アレーなどの遊戯道具を備えて疲れを慰める方法がある。それによって、不道徳な状態に陥ることを防止することができる。そうすれば、学業はますます進歩し、身体はいよいよ強健になる。ダグラス顧問団長も同じように考えていたが、費用がかかるので提言できなかったと言っている。遊び道具を備えて娯楽を与えることは至急採用すべき良い方法なので、先ずは玉突き道具2台を備えたい。

つまり、スポーツやゲームは生徒が"ぐれる"ことを防止するための対策だったのです。これらは、欧米の士官養成学校で広く用いられていた生徒指導・生活指導の手法でした。学業に疲れている生徒に娯楽や運動をさせることは、健康な心身を維持することと同時に、道徳的な健全さを養うことにも役立つと考えられていました。

3．日本で最初の運動会

1874（明治7）年、イギリス海軍顧問団の団長であったダグラス（Sir Archibald Lucius Douglas）の提言によって、海軍兵学寮で「競闘遊戯（きそひあそび）」が開催されました。一般には、これが日本最初の運動会といわれています。「競闘遊戯」は英語のAthletic Sportsを邦訳したものです。ダグラスはこれを、「さまざまな競技を通して、体育とレクリエーション、両方の目的を果たすもの」だと説明しました。当時のプログラムを見ると、短距離・中距離競走、走高跳・棒高跳・三段跳・球投げなどの走・跳・投の陸上競技種目と、二人三脚、背負競走（生徒をおぶって200ヤード走）、水桶競走（頭に水の入ったバケツを載せて50ヤード走）、玉子採り競走（20個の玉子を拾う競走）などの余興的種目がずらりと並んでいて、現代の運動会の姿に近いことがわかります。これらの種目は、必ずしも学校の授業内容と関連しているわけではなかったことから、日頃の心身の鍛錬の成果発表だけを目的とした行事ではなかったといえるでしょう。当日は一般の人々の参観が許されていたことからも、ダグラスはこの競闘遊戯を、生徒と学校関係者をあげての「祭り」として意義づけていたのではないかと推察されます。それは、次のようにユニークな競技の記録からも理解できるでしょう（平田，

1990, pp.135-144)。

　競闘標目の最終を飾る豚追は、子豚の身体全体にヘット（牛脂：引用者注。以下同じ）を塗りつけて場内に放ち、予科生徒（13〜15歳の生徒）のみで之を捉えようとするのである。生徒は馬場の内を前後左右に追まわし、折角尾を引張ったり、足を捉えても、塗ってあるヘットのためツルツルと脱げ出され、豚はピーピーなきながら四方八方へ逃げまわるので、容易に捕えることが出来ない。転がったり、滑ったりして、しまいには生徒も疲れ、豚もヘトヘトとなった時、一生徒が勇奮一番とうとう豚を抱き止めたので、この競戯も終りを告げることとなった。この最終の豚追は観衆一同を爆笑に陥れ大喝采を博したのである。

▌ 第2節 ┃ 森有礼と兵式体操

1. 森有礼と兵式体操

　海軍兵学寮で開催された運動会は、その後、師範学校でも行われるようになりました。そして、1890年頃には全国の小・中学校で一般に見られる学校行事となりました。当時の学校には運動会をする広場がなかったので、初期の運動会は、野山に出かけてさまざまな競技を行うものでした。明治時代の『福井新聞』は、福井県内の小・中学校での運動会の様子を報じています（デジタルアーカイブ福井）。

　福井県では、明治18年10月に中学校と師範学校生徒約400人が、九頭竜川の河原（舟橋）で、旗奪い、相撲、両校対抗の綱引きを行った。翌19年3月には、福井小学校の生徒男子350人女子30人ほどが足羽山で運動会を開き、旗奪い、綱引きを行っていた（『福井新聞』明18・10・9、明19・3・25）。

　敦賀の就将小学校では、明治20年から陸軍軍曹を招いて兵式体操の講習会を開き、同年に就将小学校を参観した森有礼の訓示もあって、男子高等科の体操に兵式体操を加えた。この年から、唱歌を歌いながら隊列を組んで気比の松原まで行進し、地理・歴史の学習や理科の標本採集を行う「遠行運動」も実施された（敦賀西小学校文書）。

　文中の「兵式体操」とは、初代の文部大臣に就任した森有礼が主導して学校教育に導入した体操のことです。また、隊列を組んで行進することを「行軍」

といいますが、もともとは軍隊が目的地に向かって機動することを指す言葉です。行軍はその後、「遠足」や「修学旅行」として全国の学校で行われるようになりました。同じ頃、陸軍の制服をモデルとした詰襟の学生服が中学校や師範学校で採用されました。学生服、遠足、修学旅行、そして運動会は、学校という空間を通してさまざまな規律や訓練的要素を子どもたちの身体に刻み込もうと意図した森有礼による「仕掛け」でした（権，2021，pp.21-22）。森有礼は、軍隊式の体操や集団訓練を通して、「順良」「信愛」「威重」の三気質を養い、近代国家日本にふさわしい徳をもつ国民を育てようとしていました。森有礼にとって、統一国家としての国民意識を教育によって形成することは、日本が欧米列強と対等な立場に立つために一刻を争う急務だったのです。

2．業間体操と兵式体操

　話は現代に戻りますが、私の長女が高等学校に入学した数年前の４月、「YouTubeの動画を見て業間体操（S高校体操）を覚えてくる」という保健体育の宿題が出ました。「業間体操」とは、1953（昭和28）年頃に、S高校の保健体育科の教員によって創作されたリズム体操の一種です。当時、結核を患う生徒が多いことを危惧した高校が、生徒の体力向上のために考案したという背景があり、かつては２時間目と３時間目の間にある30分間の朝礼の時間に行われていたようです。音楽に合わせて決まった動作を行うもので、ラジオ体操に似ている、というとイメージしやすいと思います。

　この「業間体操」は、保健体育科教員と生徒によって、70余年にわたって引き継がれてきました。今でも新入生の４月の体育の授業では業間体操を扱い、全校生徒が習得できるよう指導が行われています。業間体操は、運動会の準備体操や臨海教室の朝の体操としても実施されます。一斉に同じ動きをすることは、学校でも職場でも、同胞（仲間）意識を高める効果があります。S高校の伝統や同窓的精神は、運動会や臨海教室の思い出とともに、世代をこえて継承されてきたのです。

　さて、業間体操を練習する長女の姿を見ながら私は、「兵式体操」や「ラジオ体操」（日本のラジオ体操は、アメリカの保険会社が考案した柔軟体操をモデルにしたも

の。日本では、1928（昭和3）年から逓信省・簡易保険局によって、ラジオ体操の放送が始まりました。その後、文部省の振興政策によって、「朝はラジオ体操」という概念が子どもたちに浸透していったことも、ラジオ体操普及の推進力となりました（権，2018，pp.31-49）とのつながりを想像しました。学校が公開している情報からは、兵式体操との明らかな関連性を確認することはできませんでした。けれども、S高校は戦前の旧制中学校からの歴史をもつ学校ですから、「業間体操」のルーツをたどっていけば、どこかで「兵式体操」に行きつく可能性はあると考えられます。明治後半から大正にかけて、全国の学校で体操教育がとりわけ重視された時期がありました。その背景には、紡績工場や軍隊などの集団生活に端を発した、肺結核の全国的な感染拡大がありました。政府は、結核予防策として、国民の体力向上と胸部の拡張に効果が期待される運動や体操を奨励しました（木村，2015，pp.156-157）。時を経て、S高校で結核予防策として業間体操が導入されたことは、単なる偶然とは思えませんでした。また、S高校では体育祭という言葉は使わず、「運動会」と呼んでいたことを記憶しています。高校生が使うには幼ない響きに少し違和感があったものですが、これもきっと、何か歴史的な背景があることなのでしょう。

第3節　教育の歴史から子どもたちの現代と未来を考える

　身近にある学校の学習活動や学校行事の源泉をたどってみると、しばしば歴史的事項との接点に気づきます。大学の教職課程では、日本の学校教育の発展に影響を与えた歴史上の人物やその思想について、より詳しく学ぶことになります。教育の歴史を学ぶことは、子どもたちの現在と未来を考えるということでもあります。教員採用試験で教育の思想・歴史分野の問題は必出ですが、用語を詰め込むような学習になってしまってはもったいない。学校教育に携わってきた教師や為政者、そして子どもたちのエピソードにできるかぎりふれてみてください。自分自身の教育観・教師観を育てるのにも役立つはずです。

（岡田　愛）

【さらに学びたい人のために】

吉見俊哉・白幡洋三郎・平田宗史・木村吉次・入江克己・紙透雅子（1999）．運動会と日本近代（青弓社ライブラリー6）　青弓社：明治時代に始まった運動会の歴史や目的について多角的に解説しています。海軍兵学寮の競闘遊戯の種目についての資料や図も掲載されています。

木村吉次編著（2015）．体育・スポーツ史概論（改訂第3版）　市村出版：大学で体育科学・スポーツ科学を学ぶ人のためのテキスト。古代から現代までの世界のスポーツと体育の歴史を広く知ることができます。画像も多く掲載されています。

奥野武志（2013）．兵式体操成立史の研究　早稲田大学出版部：兵式体操と森有礼について詳しく学ぶことができます。世界の軍事教練と学校教育の関連についても言及しています。

【引 用 文 献】

デジタルアーカイブ福井　612658.pdf（fukui.lg.jp）（2024年10月1日確認）

権学俊（2018）．近代日本における身体の国民化と規律化　立命館産業社会論集，53（4），pp31-49

権学俊（2021）．スポーツとナショナリズムの歴史社会学　ナカニシヤ出版，pp.21-22

平田宗史（1990）．「わが国における運動会の歴史的考察（三）——わが国最初の運動会——福岡教育大学紀要，第四分冊，教職科編39，pp.135-144.

木村吉次（1996）．海軍兵学寮の競闘遊戯会に関する一考察　教育学研究，63（2），22.

木村吉次（2015）．体育・スポーツ史概論（改訂第3版）　市村出版，pp.156-157.

Chapter 13

未曾有の事態に対応する

　近代日本はさまざまな災厄にみまわれ、学校も翻弄されてきました。なかでも多くの学校に共通していたものとしては、大正時代のスペイン風邪、戦時中の空襲、学童疎開、教員の徴兵、生徒の勤労動員（徴用）、終戦、敗戦への対応、そして近年では2011年の東日本大震災の時の津波被害、2020年からのパンデミックをあげることができます。また、特定の地域に発生したものとして、各地の大地震、第2次世界大戦末期の沖縄戦、広島・長崎の原爆被災もありました。
　本章で取り上げる学童疎開と終戦と東日本大震災は、平時の学校勤務からは想像の及ばない職務を教員に課すことになりました。
　キーワード：学童集団疎開、終戦、台湾、命を守る、使命感、反射的な行動

第1節　学童集団疎開

　明治以降の全国の小学校教育で、もっとも厳しい体験の1つが、第二次大戦末期の初等教育の学童集団疎開でした。**学童集団疎開**は、本人たちや保護者の辛さが語られることが多いのですが、それを支えたのは教員たちでした。多くの学校で1年にも及ぶ合宿生活を子どもたちにさせるものだったからです。
　戦時下、都会で暮らしていた人のなかに、縁故のある地域に避難をする人が現れ始めました。そのことを疎開するといいます。最初はそのような親類縁者を頼る「縁故疎開」に行政的便宜が図られていましたが、1944（昭和19）年になると都市部が大規模な空襲を受けることを想定して、東京都では4月に縁故のない児童のための疎開学園設置が進められていました。集団疎開は、児童が現地の学校に転校するのではなく、間借りするような形になっていたのです。
　1944年6月30日には、政府は、縁故疎開を強力に推奨するばかりでなく、縁故のない児童について「集団疎開」を実施することを決めました。今の小学校3年生から6年生にあたる児童（当時1年生から6年生は国民学校初等科の所属だった）を集団的、個人的に農村部へ分散移動させることにしたのです。7月には

129

疎開都市として、12都市が追加指定され、さらに3都市も追加され、この結果、約35万人の都会児童が、8月から9月にかけて、約7000か所の旅館、寺院などに集団疎開したと伝えられています。その引率は小学校の先生の役割でした。さらに、1945年にも追加して集団疎開が行われています。『資料・東京都の学童疎開』（東京都, 1996）では、集団疎開児童総数は、東京都では1945年6月末の時点で14万2155人と見積もられています。

学童疎開は経験者にとっては人生の最大の出来事の1つでしたので、学童疎開の経験を大切にしている人たちも多数います。中には、疎開先との交流が現在に至るまで続き、学校もそれを支えている例があります。文京区立誠之小学校で何度か刊行されている創立記念誌の年表を見ると1980年4月4日に「戦争中本校児童疎開地宿舎西宝寺に祝電を打つ」と記録されています。西宝寺は栃木県の寺院で、電文は「ムカシヲシノビ　ラクケイシキ　ヲ　ココロヨリ　オイワイモウシアゲマス　ブンキョウクリツセイシショウガッコウ」でした。

また、東京都渋谷区立猿楽小学校のホームページを見ると（2025年1月12日確認）、第二次世界大戦中の1944年9月の同校（当時、東京都猿楽国民学校）の学童集団疎開が縁で、1977年に富山県射水市立金山小学校と交流協定が結ばれ、現在は5、6年生が隔年で相互訪問をするなど、交流を深めています。

第1回学童集団疎開は、3年生以上74名が富山県射水郡金山村に行き、さらに翌年の1945年4月に第2回が実施され、3年生以上80名も加わったことが書かれています。疎開児童は、宿舎となった翁徳寺の他に2つの寺などから金山国民学校（現在、富山県射水市立金山小学校）に通学しました。金山村の高沢義作村長が疎開児童のために「金山の子には芋を喰わせても、猿楽の子には白い飯を喰わせてやれ」と言い、金山の人たちは温かく迎えてくれたそうです。

ですから、一旦交流が生まれれば、それを学校と教員が支えることも自然ななりゆきでしょう。戦後の高度経済成長を経た1976年10月に在京の疎開児童や関係者（金山会）の21名が30年ぶりに、かつての疎開先を訪れ、それがきっかけで交流協定締結に至りました。

以上の記録を見ると、なんとなくゆとりさえ感じられますが、苦しい学童疎開の記憶が残った学校もたくさんあります。

渋谷区の富谷国民学校（現・区立富谷小学校）の学童疎開は、1944年8月20日全校児童539人で学校を出発して静岡へ、1945年6月に青森県弘前へ移動、1945年10月23日に帰還しました。学校医が私財をはたいて記録した動画映像『吾等ガ母校　其ノ名モ富谷』が残されており、NHKによって編集され、おとなになった疎開児童と教員へのインタビューも含めて、1969年8月29日に『富谷国民学校』というタイトルで放送されました。

　同校の集団疎開体験は大変苦しいものでした。静岡県では地震の際に児童が1人亡くなり、青森県に移動してからは食糧不足に悩まされ、子どものなかには、ミカンが配られると実の部分を皮の部分と交換して、皮の部分を食べて空腹の足しにした子がいたことが回想されています。衰弱して帰還後に死亡した児童もありました。集団疎開中に渋谷区の同校校舎は全焼していました。

　番組には教員の回想の場面があります。いつ帰れるかわからない、という辛さが語られるとともに、戦時下だからできたことで、今のようなゆたかで自由な時代には絶対にできない、ということが語られています。

　また、東京都立光明学校は肢体不自由児の学校でしたが、NHKが2014年8月16日に放送した『"戦闘配置"されず』によれば、集団疎開の対象校にされなかったため、松本保平校長の尽力と陸軍の協力、そして受入れ地の長野県上山田村の協力で、一般の学童疎開とは別枠で集団疎開しています。疎開の1週間後に東京都世田谷区にあった校舎は空襲で全焼しています。間一髪でした。終戦後も帰る校舎がないため疎開が続き、疎開が終了して東京に帰還したのは校舎が再建された後の1949年5月でした。その間、教員たちは児童とともに寝起きをしていました。

　第1章第2節3で、日本社会の隅々を教員が支えていることを取り上げていますが、集団疎開が可能であったのも教員の力があったからこそでした。全国的に展開された1年前後あるいはそれ以上に及ぶ集団疎開という長期の合宿体験は、学校の教師が、いざという時に日本の社会を下支えする存在となっていることを物語っています。

第2節 台湾の中学校で終戦を迎えて

　終戦直後、日本統治が終わろうとしていた台湾の中学校ではこんなことが起こりました。台湾の中学校では、台湾人と日本人が同じ教室で学ぶという共学制度が採用されていました。当時は台湾人も日本国籍をもっていたのですが、ここでは、台湾人を分けて書きます。その授業中に、欠席していた台湾人生徒たちがやってきて、日本人生徒を呼び出し、今まで自分たちをいじめていた生徒に報復の制裁を加えると言うのです。

　日本人教師は、その状況に向きあわなければならなくなりました。同様のことがいくつかの男子の中等教育レベルの学校で起こったようです。

　日本内地でも旧制の中学校は学校によっては、上級生に出会った時下級生は挨拶をしなければ殴られる、ということがあたりまえだった学校がありました。そのようなことが校風のようになっていて、教員も放置している場合があったようです。

　台湾の中学校のなかにはそれにとどまらず、戦時下の1940年代後半になると、学校が荒廃し始めたところがあり、民族差別が現れた学校がありました。内地人生徒が台湾人生徒に難癖をつけてリンチ（私刑）をするということが横行したのです。その１つが、戦後授業中に日本人生徒を呼び出すということが起こった学校でした。

　筆者にその話をしてくださった黄氏は台湾人ですが、相撲が強く「五十人力様」と呼ばれていたほどでしたので、その被害に遭っていませんでした。しかし、五十人力様と言われていても、１年生であったため、「おまえの兄貴を殴るから見に来い」と呼びつけられ、休み時間に直立不動の姿勢で見せられたことがあったそうです。台湾人のなかでも体力的に弱い相手を選んでリンチするというような卑劣なやり方が一部の日本人生徒の間で起こっていたのです。

　日本が戦争に負けると、精神的に優位に立った台湾人生徒が内地人生徒に仕返ししようと考えたのは当然でしょう。毎日10人ぐらいずつ別の学校に呼び出したのです。数日の間に１年生から４年生まで（戦時中、中学校は４年制となっていた）70人から100人に及ぶ日本人生徒が呼び出されました。１学年200人程度

132　　第13章　未曽有の事態に対応する

の学校ですから、当時全校がいかに荒廃していたかがわかります。

黄氏がしきりに感心していたのは柔道担当の土山 悟 教諭の行動です。土山教諭は呼びだされた生徒を毎日引率して報復の場に連れていって見守ったそうです。

報復は、こんなふうに進んだといいます。土山教諭が最初に「昔のことは水に流すこと、今日はもう制裁もしょうがない。ただあまり痛めつけないように」と挨拶し、続いて台湾人生徒の側が、内地人生徒に自分がどのようないじめや暴行をしていたのかを言わせ、そしてその生徒を殴り、次の生徒に進んだのです。１日の制裁が終わると、最後に土山教諭は内地人生徒を整列させ、「おまえたちはそんなことをしていたのか」、と一人ひとりの顔を強く平手で殴り、それでその１日の制裁を終わらせたそうです。

この場面は、台湾人生徒が日本人生徒に報復する場であったのですが、日本人の教師がそれを監督したということは、筆者には目を見張る思いです。土山教諭が台湾人生徒間で尊敬されていたことがそのような構図を作ったのです。それは、土山教諭にとっては苦渋の決断であったかもしれませんが、他の教師が何もできないなかで、土山教諭はその報復の場を教育の場にしたように、筆者には思えます。日本の敗戦という未曾有の事態に、教師たちは最善の対応をしようとしたと思いますが、土山教諭のエピソードは傑出しています。

敗戦まで、もっともひどくリンチをくり返していた１人の日本人生徒が、その時自宅に引きこもって学校に出てこないということがあったのだそうですが、土山教諭は、家まで行って引っ張り出し、制裁の場に連れてきました。彼に対する制裁はとても大変なものだったそうですが、土山教諭はそれをずっと見ていて、やがて「もうこれぐらいにしてくれ。先生から頼むから」と言って終わらせ、その生徒を家に連れ帰ったということでした。

みなさんのなかには、このエピソードを知って、土山教諭の立ち会いが、報復の場を単なる清算の場にとどめず、手打ちの儀式にしたように感じた人も多いのではないでしょうか。

土山教諭の態度は、黄氏に限らず台湾人生徒全体に感銘を与えました。同校は、台湾人と日本人の卒業生が、戦後長い間、毎年１度、日本と台湾で交互に

第2節　台湾の中学校で終戦を迎えて　　*133*

恩師を招いて同窓会の大会を開いてきました。もちろん台湾人の中には戦後も同窓会には一切参加せず、日本人には会わない方たちもいます。土山教諭によって制裁の場に連れ出された日本人１人も、戦後台湾に来ることはなかったそうです。しかし、土山教諭の対応が、差別といじめのあった同窓生のわだかまりをかなりの程度解いたのではないかと思います。

　台湾人生徒が内地人生徒に報復する場に日本人教師が立ち会う。同校にとっては最後の教育の場面だったように思うのです。その役を担う土山教諭がいた、ということを心に留めたいと思います。

第３節　東日本大震災の日の中学校現場での対応

１．出席をとることは生徒の命を守るための第一歩

　朝、始業のチャイムと同時に出席をとります。これは、学校現場では当たり前の光景です。こうした当たり前のルーティンにも重要な意味があります。普段と変わったことはないか、生徒の状態を観察します。そして何よりも大切なことは、出席をとる際、欠席の連絡もなく学校に来ていない生徒への対応です。すぐに保護者と連絡をとり、生徒が登校したかどうかを確認します。登校したにもかかわらず、学校に来ていない場合は、すぐにその生徒の通学路を確認し、複数の先生で探しに行きます。事故や事件に巻き込まれているかもしれないからです。

　私たち教師の使命のひとつに、生徒の命を守ることがあります。朝、学校に登校し、放課後帰宅するまでの間はもちろんですが、登下校時も例外ではありません。保護者は、朝、わが子を送り出したら、学校に行っていると信じています。欠席の連絡もないまま、登校していない生徒に対し、「お家の人も忙しくて連絡し忘れたのかな？」とか「よく休む生徒だからきっと今日も休みだろう」などと、勝手な想像をしてこちらからの連絡を怠ったら、大変なことになりかねません。

　学校には生徒の出欠席を把握するものとして、出席簿のほか、日計黒板というものがあります。朝の出席確認後、職員室の前面黒板（またはホワイトボード）

にクラスごとの出欠席を記入します。これを見ると、その日学校に生徒が何人来ているかが把握できるわけです。

2．いるべき時にいるべき場所にいることの大切さ

「先生のクラス、お休みの生徒はいますか？」と、いつ聞かれても、即答できる先生になりましょう。私が勤務していた中学校では、校長先生と廊下ですれ違う際、さりげなく聞かれることがありました。校長先生は、全校生徒を見守る立場だからということもありますが、担任の先生が自分のクラスの生徒のことを把握できているか、試されているようにも感じました。

出席確認は、朝行うだけではありません。毎時間、授業の最初に教科担当者が出席確認をします。自分の教室から特別教室（理科室や音楽室など）や校庭、プールなどへの移動を伴う授業では、「めんどくさい」「やりたくない」など理由はさまざまですが、生徒が移動せず自分の教室にいたり、ほかの教室に入り込んだりしているケースも少なからずあります。

たまたま、授業の最初の出席確認を怠り、1人いないまま授業を始めた日に、地震や火事が発生してしまったらどうなるでしょう。校庭に避難し人数確認してはじめて、行方不明者が1名いることに気づくわけです。その生徒が本来いるべき時にいるべき場所にいたら、探す場所も特定できます。いるべき時にいるべき場所にいない生徒に対して、先生は厳しく注意をします。なぜなら、生徒が「いるべき時にいるべき場所にいる」ということは、生徒が自分の命を自分で守るための行動でもあるからなのです。

「命を守る」と一言でいっても、生徒自身も自分で自分の**命を守る**行動をするよう指導し、なおかつ、先生もその命を守るため、毎時間、授業の最初に出席確認をするのです。

3．その時どう動くか：正解のない教師の動き

2011年3月11日14時46分頃、三陸沖を震源とするマグニチュード9.0、震源の深さ約24km、震度7の地震が発生しました。多くの命が奪われたあの東日本大震災（東北地方太平洋沖地震）です。

最大震度7を記録した宮城県栗原市と私の勤務していた都内の中学校は、約400km離れていましたが、震度は5強でした。震度5強といえば、物につかまらないと立っていることも難しい状況です。実際に私の勤務校でも、教室のロッカーの上に置いてあったカバンや本などが落ちてきました。

（1）その時自然と体が動く

　6時間目の授業が始まってまもなくでした。私は、空き時間だったので、2階の職員室で生徒の考察を読みながらコメントを書いていました。初期微動を感じることもなく、突然、校舎が激しく揺れ始めました。いまだかつて経験したことのない、激しくそして長い揺れでした。地震の情報を得るため、副校長先生はすぐにテレビをつけました。そして、いつどこで何が起こったのかを把握する間もなく、校内放送を流しました。「……揺れがおさまるまで身を守ってください。落ち着いて行動してください。机の下に避難し頭を守ってください。避難の指示があるまで動かないでください。」

　職員室でどんな言葉を交わしたか、まったく覚えていないのですが、誰かが何かしらの指示を私たち教員に出したということはありませんでした。それぞれがそれぞれの役割のもと、自然と体が動いたのです。生徒の命を守るという使命感と避難訓練の賜物です。

　私は所属学年である1年生の教室（4階）へと向かいました。生徒は全員、防災頭巾を被り机の下で身を屈めていました。そのなかの2名の生徒は、延々と続く激しい揺れに怯え、幼子のように泣きじゃくっていました。私も立っているのがやっとの状態で、教室のドア枠にしがみついたまま、身動きができない状態でした。今思うと、私もしゃがんだ方が安全だったでしょうし、しゃがむべきだったのかもしれません。しかし、立っていないと生徒一人ひとりの様子を見守ることができなかったのです。この激しい揺れのなか、どう見守ればよいのか、セオリーはないのです。そのつど、考えるという時間もゆとりもありませんでした。

（2）反射的としかいいようがない教師の動き

　「まずは1分待とう！　主要動はどんなに長くても1分続かないから」と言うと、泣きじゃくっていた生徒も、我に返ったように泣き止みました。「（教室の

正面にある）時計、見える？　秒針が0になったらみんなで数えるよ！　せ〜の、1、2、3……24、25、26」全員が一斉に声を出して数え始めました。だれもが激しい揺れがおさまるのを信じて。それでも、不規則な激しい揺れが来るたびに、恐怖のあまり声が途絶えたり、「怖い、怖い」「イヤ〜」といった悲鳴のような声が聞こえたりしました。「先生、まだ〜？」「もう少し、もう少しだから、42、43、44 ……」「58、59、60！　先生、まだ揺れているよ〜」「大丈夫、あと少し、1から数えるよ」「3、4……おさまった。」

　生徒たちは、ちょうど、1年生の理科の授業で地震について学んだあとだったので、初期微動のあと主要動がくることや、その主要動の揺れは初期微動より大きな揺れであることなどの知識はありました。しかし、今回の地震では、初期微動は感じられず、主要動は、過去に体験したことのない激しい揺れが、1分以上続きました。自分たちが理科の授業で学んだことと異なっていたので、納得がいかない生徒たちもたくさんいました。のちのニュースでわかったことですが、このとき東京で私たちが感じた揺れは、P波でもS波でもなく表面波だったということです。この表面波の揺れはいきなり大きな揺れがやってきて時間的にも長く揺れる特徴があります。

　なぜ私はとっさに、時計の秒針をみんなで読むことを促したのか、本当のところ自分でもよくわからないのです。反射的な行動としか言いようがありません（ちなみに、「反射的」とは、与えられた刺激に対して、自分が意識せずに瞬間的に反応するさまを言います）。あの瞬間、私のなかにあったのは、地震に怯えパニックになっている生徒をなんとか落ち着かせたいという思いでした。落ち着かせる方法は、ほかにもいろいろあります。深呼吸したり、頭のなかで数を数えながら呼吸を整えたり、いずれも、自分で自分をコントロールすることができればOKということです。ただあの時は、みんなで一緒にこの状況を乗り切るためにも、みんなで時計の秒針を読むことを選んだのだと思います。

（冒頭〜第2節：所澤　潤、第3節：鹿嶋　真弓）

【さらに学びたい人のために】
練馬区教育史編纂委員会（1975）．　練馬区教育史　第1巻pp.768-882：同書には、練馬区立

小学校がどのように学童疎開を経験したか、そして学童疎開を経験した児童たちが、学童疎開をどのようにふり返り、受け入れ先の地域と交流してきたか、具体的に取り上げられています。

【引用文献】

東京都（編）（1996）．資料・東京都の学童疎開　東京都

所澤潤（2025）．第三章　引揚を見送った台湾の人たち　林初梅・石井清輝・所澤潤（編）
　　日台のはざまの引揚者たち──国境の再編と移動・再出発──　三元社

....　コラム5：学校沿革誌、周年記念誌、学校史　............

　学校は近代史研究資料の未開拓の宝庫です。今の日本で明治前半から存続し、資料を保存している機関はあまりありませんが、学校にはまだ手つかずに眠っていることがしばしばあるのです。その基本文書の一つが学校沿革誌です。写真は、東京都北区立滝野川小学校の学校沿革誌の表紙です。学校によってさまざまな形態があります。

北区立滝野川小学校所蔵

　筆と墨で毎年書き足している学校もあれば、毎年度の『学校要覧』を綴じ込んでまとめている学校もあります。東京では、1899年10月に上野公園で東京府教育会主催の教育品展覧会が開かれた際に、各校が自校の沿革誌を出品したのが起源だとみられます。各県の制作状況はわかりませんが、筆者は、台湾の何校もの小学校で旧・日本統治時代に作られていたものを貴重な校歴資料として見せていただいたことがあります。

　みなさんは学校の創立記念日に、『○○周年記念誌』などという名称の冊子をもらったことはないでしょうか。5年または10年ごとの周年記念事業の際に、教職員が保護者や学識経験者の協力を得て作成しています。その基礎資料の一つが学校沿革誌なのです。

　一方、上製本の分厚い学校史を目にしたことのある人も多いでしょう。長野県では、県下のほとんどの小中高等学校でＡ5判函入り、厚さが4センチを超えるような活版印刷の学校史が発行されています。元『長野県教育史』編集主任の故中村一雄氏はその制作の指導に各校を回った方ですが、筆者がお会いしたとき編纂方法をお話しくださいました。執筆は教師が担当し、校内に残っている史料を確認して、所蔵史料のある時期はそれに基づき、史料の欠けている部分は『長野県教育史』を引用することにしていたのだそうです。

　東京の小学校史では、1875年創立の文京区立誠之小学校のものが有名です。同窓会（誠之学友会）が1988年の創立110年の際に発行した『誠之が語る近現代教育史』（寺崎昌男監修）です。Ｂ5判上製本函入り活版印刷、本文だけで2段組911頁です。学校長から東京大学教育学部寺崎昌男研究室に執筆依頼があり、大学院生であった筆者も参加しました。東京の近代教育史の多くの未知の部分が同校所蔵の公文書で知られるようになりました。

　東京都の場合、各区市町村に「管理運営に関する規則」のような教委規則があり、「学校沿革誌」や「卒業証書授与台帳」など5つの文書等が永年保存に指定されています。

（所澤　潤）

お わ り に

　はしがきでも述べていますが、本書は、教員養成を目的とする学部を選ばずに大学に進学したみなさんに、教職課程、そして教職の魅力を伝えたい、という意図で執筆されています。私自身、教員養成を目的とした学部を選ばずに大学（私の場合は理学部化学科）に進学し、専門科目を思う存分学びました。教職に関する知識は補完的に学べばよかったのでしょうが、大学で魅力的な先生と出会い、教職科目にのめり込んでいきました。その恩師が國分康孝先生です。國分康孝先生は私の人生に影響を与えた人の1人です。

　収容人数200人の階段教室のほぼ真ん中に座っていた私は、講義終了後、先生に提出物を届けるため階段を下りて驚きました。私の方が先生より背が高かったのです。普段、階段教室の高いところから講義を受けていると、國分先生がとてつもなく大きい方に見えていたのです。「偉大な人ってこういう方をいうんだな」と再認識しました。その後、少しずつ座席を前へ前へと移動し、気づいたら最前列に座っていました。47歳の國分先生との出会いです。

　大学卒業と同時に、私は東京都の中学校の理科の教員になりました。新採3年目のある日、大学の先輩から國分先生が他区の教員研修会の講師でいらっしゃるとの情報を得ました。私はどうしても國分先生の研修会を受講したくてその先輩に無理を承知でお願いしたところ、特別に受講させていただけることになりました。教職公務員は研修の義務があります。それからというもの、國分先生の研修会を探してはできるかぎり参加するようになりました。そして87歳で國分先生がお亡くなりになるほんの少し前までの40年間、ずっと國分先生のもとで学び続けました。その間、先生が出版される本を分担執筆させていただいたり、講演会の講師を務めさせていただいたりして、今の私があります。

　ところで、世の中にはたくさんの職業がありますが、誰もが出会ったことのある身近な職業の一つが「先生」です。かつてはなりたい職業の上位に入っていましたが、最近では「ブラック職」といわれることもあり、教職をめざす学

生は少なくなりました。しかし、現在は「質の高い公教育の再生」の実現に向け、教師等の働き方改革も加速化しつつあります。

　生徒たちも昔と今とでは違います。保護者の意識も変化しています。学校や教員をとりまく環境も大きく変わりました。学習指導要領も改訂され、教科書や授業内容も変わりました。しかし、これは教育現場に限ったことではありません。コロナ後、1人1台のタブレット端末が用意され、自分の考えを入力し全員でシェアできる時代です。便利になるということは、それまで行ってきた何かを失うことでもあります。タブレットは道具ですから、効率よく効果的な使い道を考えると同時に、あえてその道具を使わず、自分の言葉で伝えあった方がよい場面もあります。変化はいつの時代もあり、良くなったところもあれば、悪くなったところもあると思います。しかし、働くことの本質として変わらない部分も確実にあります。

　この本に書き記したことは、私が教師生活のなかから得た経験や知見に基づいています。ですから、これが正解というものではありません。時代も違えば、地域による違いもあるでしょう。また、同じ地域でも学校によってスクールカラーもあります。そして何より、生徒はみな同じではないということです。生徒は一人ひとり違います。だからこそ、そのつど、試行錯誤をくり返しながら、自分の頭で考え納得解を得るため追究していくことが大切です。この本を通して、私がいちばんにお伝えしたいことは、人と向きあい、ともに学びともに育つことのできるこの仕事の魅力です。今教職課程の入り口に立っているみなさんに、その魅力の一部でもお伝えできたなら幸いです。

編者　鹿嶋　真弓

索　引

◆ あ 行

アイヌ語　82
一条校　88
生き方あり方　119
命を守る　134〜136
インクルーシブ教育　93
運動会　121
英語教育　85, 88
英語村　88
応用行動分析　116
オーディオリンガル法　85, 86
沖縄　12, 77, 99, 100

◆ か 行

海軍兵学寮　122, 125
外国籍　65
　　──の子どもたち　96〜98
開発主義教授法　59
学校沿革誌　139
カテキズム法　59, 71
学童集団疎開　129
学級崩壊　32, 33, 36, 38
葛藤　55
監督　112
漢文　83, 84, 90
きっかけをつくる　68
義務教育　92, 101
教育機会確保法　95
教育史　139
教育的愛情　41
教育的瞬間　iv, 17
共学　62, 63
教材研究　51, 52
教師人生　20〜26
教師の学び　106
教職　9, 18
キリスト教の教理問答　59, 71
緊張関係　16, 17
クラス会　29
KR　71, 72
経験則　76

◆ さ 行

結果でほめない　14
研究と修養　103
研修　103, 111
構成的グループエンカウンター　34, 35, 116
構築主義　61
校長　79, 111〜120
口話法　63, 92
古文　83, 84, 90
コミュニカティブ法　85, 87
コミュニケーション　54〜57, 70

サラマンカ声明　65, 93
3方向コミュニケーション　70
CAI　58
シェアリング　48
支援　58〜63
自我関与　45
自己開示　48
自己教育力　47
自己決定　45
自己実現　46
自治的集団　47
実踏　118
視点を変える　40, 41, 44
師範型　23
自分事　66, 68
使命感　25, 94, 103, 136
社会的存在　10, 11
社会モデル　64
終戦　131, 132
手話　63, 64, 68, 82, 92, 93
同年記念誌　139
障害者権利委員会　93
『小説教育者』　24
スポーツ大会　93
生成AI　80, 89, 90
成長　32, 33, 36, 38
生徒同士をつなげる　34
生徒のホンネ　43
専門性　15, 16

相互理解　55
ソーシャルスキルトレーニング　116
ソクラテスの問答法　59, 71
ソリューションフォーカストアプローチ（SFA）
　44

◆ た　行
第一言語　81, 82, 93, 97, 99
第二言語　81, 82, 85
台湾　132
男女平等　5
同僚性　36
通級　65
通級指導教室　63, 93
転入　6, 67, 99
同窓会　29
特別活動　121
特別支援　62
特別支援学級　63, 93
特別支援教育　62, 92
特別支援教室　63, 93

◆ な・は行
内観　34
名札　114
日本語　65
日本語教育　81, 89
日本語教室　99
日本語文法　89
能力でほめない　13

バイリンガル　73, 81, 82
伴走者　60
PDCAサイクル　43
東日本大震災　134〜137
１親１言語の法則　74
１人１言語の法則　70, 73, 77
表現　60
貧民小学校　24
「複線型」の学校体系　23
フリースクール　96
プロセスでほめる　14
兵式体操　125〜127
変化を起こす　44
方言　12, 77, 83, 84
母語　81, 82
保証　91〜101
保障　91〜101
保償　91〜101
本土復帰　99, 100

◆ ま・や・ら行
学び続ける教師像　104
無学年制　101
メタ認知能力　33
メリトクラシー　21, 24〜26, 28
森有礼　125
問題の外在化　44
夜間中学　94, 96
立身出世　21, 28
琉球方言　12, 77

執筆者紹介（執筆順）

所澤　潤（しょざわ　じゅん）

担当：編者、序章、第1章、第2章冒頭・第2・3節、コラム2、第6章冒頭～第2節、第7章、コラム3、第8章、第9章、第11章冒頭～第3節、第13章冒頭～第2節、コラム5

立正大学心理学部、群馬大学名誉教授

主著：『日台のはざまの引揚者たち―国境の再編と移動・再出発』（共編著、2025年、三元社）、「明治初期から昭和戦中期に至る小学校物理教育」（単著、2024年、大学の物理教育、30、日本物理学会）

＊読者へのメッセージ：学問には、役に立つという観点で評価できるものと、何の役に立つかはわからないが面白いというものとがあります。教育学が学問として成り立つかどうかは措いておいて、教育の面白さを探ってみてはどうでしょう。

髙橋　洋行（たかはし　ようこう）

担当：コラム1、第5章

立正大学社会福祉学部

主著：『思考を育む教育方法』（共著、2022年、黎明書房）、『DX時代の人づくりと学び』（共著、2022年、人言洞）

＊読者へのメッセージ：教職の醍醐味は多くの生徒や先生方を関わりを持つことで、自分自身が人に対して、感謝する気持ちが強くなることだと思います。

これは一生の宝になる大事な経験です。皆さんと一緒に教職の醍醐味を味わいましょう。

浅沼　茂（あさぬま　しげる）

担当：第2章第1・3節、コラム4
元立正大学心理学部特任教授、元放送大学客員教授
主著：『思考を育む教育方法』（編著、2022年、黎明書房）、『思考力を育む道徳教育の理論と実践：コールバーグからハーバーマスへ』（編著、2018年、黎明書房）、『カリキュラムと学習過程』（編著、2016年、放送大学教育振興会）
＊読者へのメッセージ：カリキュラムとは履歴書であり、創作することです。

鹿嶋　真弓（かしま　まゆみ）

担当：編者、第3・4章、第6章第3節、第11章第4節、第13章第3節
立正大学心理学部
主著：『中学生の充実感と担任教師による自律支援的指導態度』（単著、2024年、風間書房）、『教師という生き方』（単著、2017年、イースト・プレス社）
＊読者へのメッセージ：できなかったことが出来るようになることを「成長」といいます。生徒たちと多くの時間を過ごすことで、その「成長」の瞬間を実感できるのが教師という仕事ならではの醍醐味です。

岡田　愛（おかだ　あい）

担当：第10章、第12章
立正大学仏教学部
主著：『教育と教職のフロンティア』（共著、2021年、晃洋書房）、『ポケット教育小六法』（共著、2024年、晃洋書房）
＊読者へのメッセージ：大学の教職課程には、学部を越えて、たくさんの仲間たちとの出会いがあります。
　　大学生活で成果を残したい方！資格が欲しい方！大学生活を充実させたい方！ぜひ教職課程をのぞいてみてください。

知って広がる教師の世界

2025年4月25日　初版第1刷発行

編著者　鹿嶋　真弓
　　　　所澤　　潤
発行者　木村　慎也

カバーデザイン／北樹出版装幀室　　印刷　恵友社／製本　和光堂

発行所　株式会社　北樹出版
〒153-0061　東京都目黒区中目黒1-2-6
URL:http://www.hokuju.jp
電話(03)3715-1525(代表)　FAX(03)5720-1488

© 2025, Printed in Japan　　　　　ISBN978-4-7793-0783-6
（落丁・乱丁の場合はお取り替えします）